JN274499

お母さん応援レシピ

子どもが喜ぶお酢すめ料理

子どもが体で覚えるお母さんの味 ─── 好みに合

　子どもに「食」を教えるのはお母さん。毎日の食卓から子どもは自然に「食」を覚えていきます。でも気負い過ぎる必要はないと思います。子どもたちは大人のように頭で考えたりせず、好みのままに食べ、甘いものや味の濃いものが大好きです。どちらかというとさっぱりとした酢の物などはあまり好まない傾向があります。それでも、成長するにつれ子どもは味の好みを少しずつ変化させ、やがて大人の味覚へと近づいていきます。ですから食べ物は子どもの好みに合わせてあげましょう。

　お酢料理も同じこと。酢そのものは酸っぱく、大人でもむせることがありますが、煮詰めると甘くなってコクが出ます。料理に加える前に強火にかけたり、ラップをせずに電子レンジで加熱して、酸味をとばすのがお酢を上手に使うポイントです。料理に甘味とコクだけでなく、さわやかさも加わり、子どもも喜ぶ味になります。

CONTENTS

お酢が決め手のおかず／4
- 鶏のさっぱり煮／4
- いわしの梅酢煮／6
- 豚肉の干しアンズシチュー／8
- 揚げ餃子／10
- アドボン／12
- 肉詰めなすの甘酢がけ／14
- 鶏肉のくるくる巻き／16
- 鮭のムニエル　ラビゴットソース／18
- ジャーマンポテト／19
- 鶏のビネガークリーム煮／20
- プリプリえびの甘酢春巻き／22
- 白菜の甘酢煮／24
- 肉団子とかぼちゃの酢豚風／25

子どもも大人も大喜びのお寿司＆丼／30
- 雛祭り寿司／30
- 変わり中華丼／32
- くるくる海苔巻き・軍艦巻き／34
- カップ寿司／36
- おうち海鮮丼／38
- うなぎのばら寿司／39
- 牛肉とごぼうのきんぴら寿司／40
- 鶏のカラメル丼／42

特別な日の献立2 ■ 七夕／44
- 五色冷やし中華
- お酢シャーベット

特別な日の献立1 ■ 子どもの日／26
- サワーフライドチキン
- コールスローサラダ
- ベリーのアイスクリームパフェ

わせて工夫してみましょう

さまざまなメニューに活用し、少しずつでも毎日使うとお酢の効能をより活かせられ、丈夫な体と心をつくることができます。

お母さんが賢くお酢を使うことで、子どもはその味やはたらきを体で覚えていくものだと思います。成人になり自分で料理を作るようになったとき、初めてお母さんの煮物や揚げ物にお酢が入っていたと気づき、お母さんがどんな工夫をして毎日の食事を用意してくれていたかを知る…それが食育なのではないでしょうか。

料理は上手か下手かではなく、作るか作らないかだと私は思っています。まずはレシピを参考に作ってみてください。そこからお一人お一人のおふくろの味が生まれ、子どもたちに伝わっていくにちがいありません。

藤野　嘉子

ちょっと一品の小鉢料理&スープ／48
- プチトマトの甘酢／50
- きゅうりのピクルス／50
- セロリの昆布マリネ／51
- じゃがいもの甘酢和え／52
- キャベツの巻き巻き／54
- まぐろとアスパラガスのぬた／56
- にんじん・きゅうり・しらたきのごま酢和え／57
- ポトフ風酢ープ／58
- サンラータン／60

特別な日の献立3 ■ 敬老の日／62
- レンジたたき
- フルーツサラダ

好き嫌いも吹っ飛ぶサラダ&マリネ／66
- アスパラ・レンコン・かぼちゃの揚げマリネ／66
- ポークソテーキャベツのサラダ／68
- アジの南蛮漬け／70
- エバミルクドレッシングのサラダ／72
- 中華風おかずサラダ／74
- りんご酢サラダ／76
- ソーセージとマッシュルームのマリネ／77
- 焼き帆立の南蛮漬け／78
- わかさぎのマリネ／80
- 大根とハムのマリネ／81

特別な日の献立4 ■ お正月／82
- 手まり寿司
- 変わりなます
- シュワシュワお酢ゼリー

さっぱり、ヘルシーデザート／86
- マンゴーのサワームース／86
- シナモンアップルサワー風味／88
- フルーツ白玉　玄米酢シロップ漬け／90
- サワードリンク／92

お酢が決め手のおかず

お酢の使い方ひとつで、料理のバリエーションが広がります。毎日の食

鶏のさっぱり煮

鶏肉は酢を加えると、甘くなって食べやすくなります。
子どもからお年寄りまで喜ぶお酢料理の新定番！

材料（4人分）

- 鶏手羽先・手羽元肉‥‥各4本
- 塩‥‥少々
- サラダ油‥‥大さじ1/2
- 酢‥‥1/4カップ
- 水‥‥1/4カップ
- A
  - 砂糖‥‥大さじ2
  - しょうゆ‥‥大さじ2
- ゆで卵‥‥1個
- グリーンアスパラガス‥‥4本
- 塩‥‥少々

作り方

① 鶏手羽元は軽く塩をふる。鍋にサラダ油を入れ、鶏肉をこんがりと焼きつける。両面焼けたら酢を加える（写真）。強火で酸味をとばし1～2分煮詰める。
② ①にAと水を加え中火で煮ていく。
③ ゆで卵は殻をむいて②に加える。
④ 時々返しながら、煮汁がなくなるまで煮る。
⑤ グリーンアスパラガスは半分から下の皮をピーラーでむいて塩を入れゆでる。すぐに冷水にとり斜めに切る。ゆで卵、鶏肉とともに盛り付ける。

よりおいしくやわらかく！

お肉のマリネやさっぱり煮など肉料理とお酢は相性がいい組み合わせ。お酢がお肉のタンパク質にはたらいてお肉がやわらかくなります。また、うまみのもとであるアミノ酸の量も増えるのでおいしさもアップします。

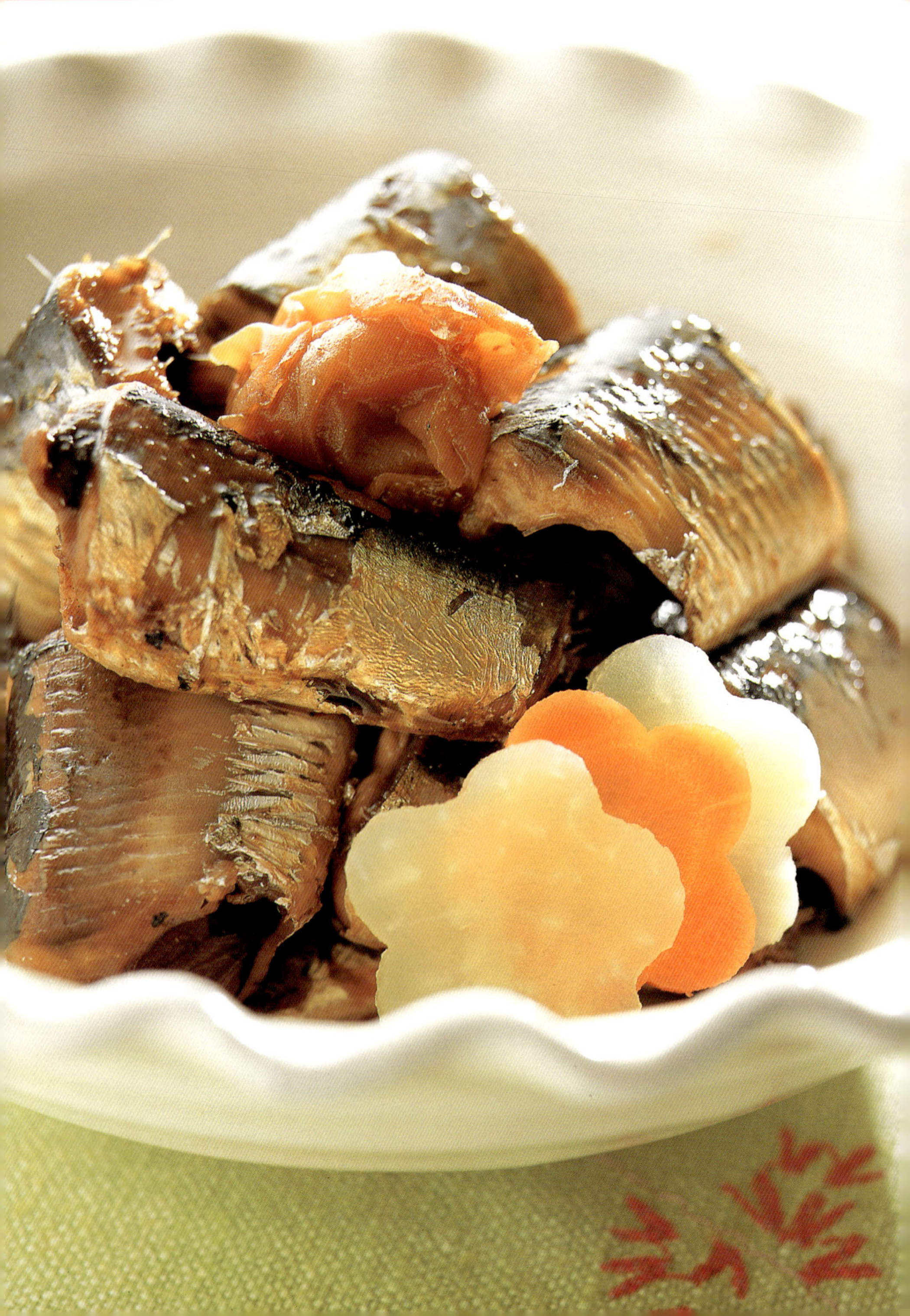

いわしの梅酢煮

いわしは筒切りにすると食べやすく骨も取りやすくなります。また、酢だけを煮きると仕上がりの味も酸っぱくなり過ぎず、さっぱり仕上がります。

材　料（4人分）
- いわし‥‥4尾
- 昆布‥‥5cm長さ
- A ┌ 酢‥‥60cc
  │ 水‥‥60cc
  │ 砂糖‥‥大さじ2 1/2
  │ しょうゆ‥‥大さじ1 1/2
  └ 梅干し‥‥1個
- にんじん・大根‥‥適宜

作り方

① いわしは頭と内臓を取り、筒状に3等分に切る。きれいに洗い、水気をとる。

② 鍋に酢と昆布を加えて強火で煮きり（写真a）、酢以外のAを入れ火にかける。

③ いわしを入れ（写真b）、中火で落とし蓋をして煮汁がなくなるまで煮る。

④ にんじんと大根は3mm厚さに切って梅型に抜き、サッと塩ゆでして、器に盛った③に添える。

気になる臭い消しに…。

アジやいわし、さばなど生臭みの気になる魚を調理するときには、ぜひお酢を使ってみましょう。お酢が魚の臭みを中和し、その上お酢のかくし味がおいしさをランクアップさせてくれます。

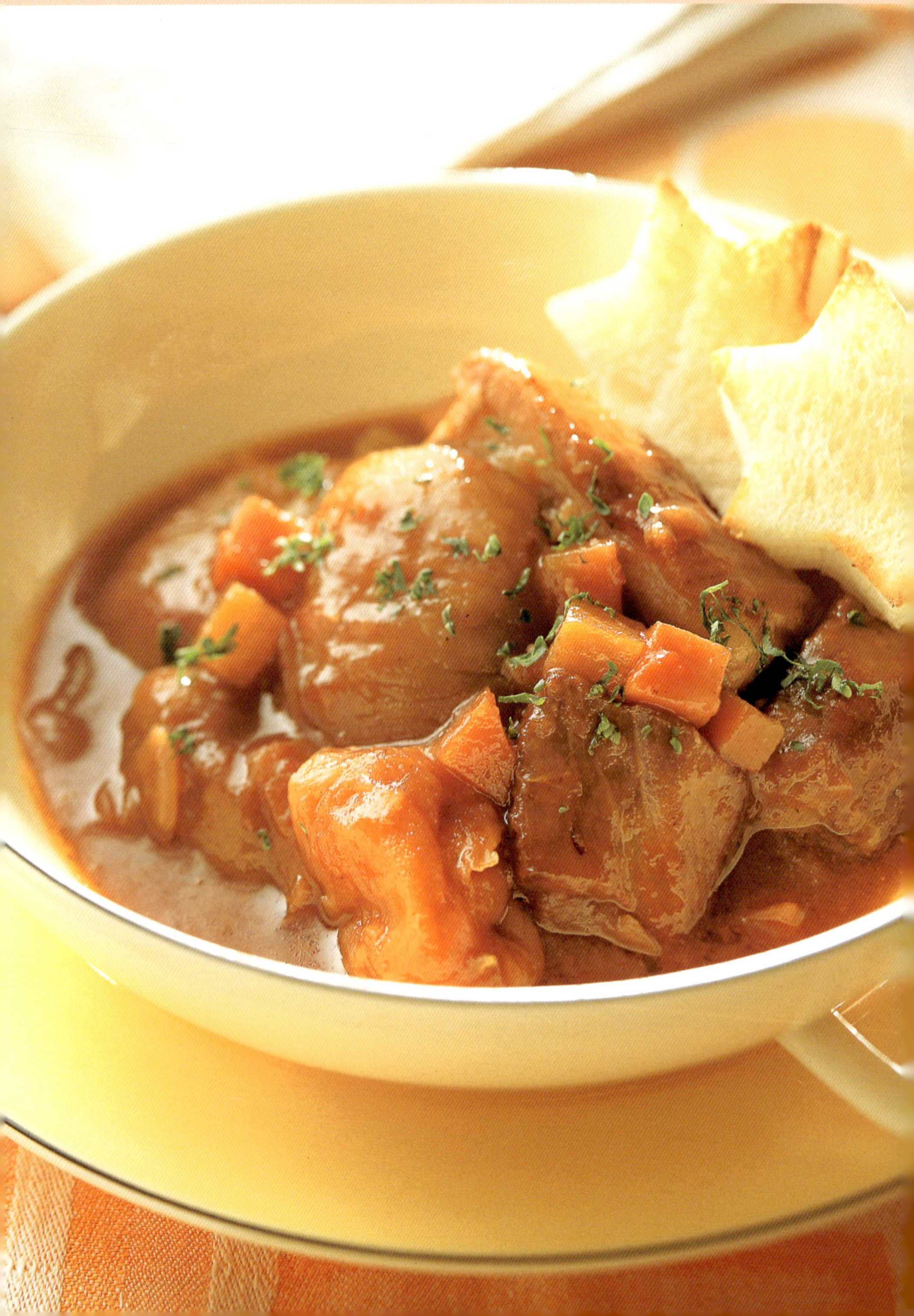

豚肉の干しアンズシチュー

豚肉を焼いたときの余分な脂は、必ず捨てましょう。
干しアンズは早く加えると煮崩れるので、仕上げに加えます。

材　料（4人分）

豚バラ肉‥‥500g	A ┌ドミグラスソース‥‥1/2缶
塩・こしょう‥‥各少々	├水‥‥2カップ
酢‥‥1/4カップ	└トマトピューレ‥‥1/2カップ
玉ねぎ‥‥1/2個	ロリエ‥‥1枚
にんじん‥‥1/2本	パセリの茎‥‥1本分
セロリ‥‥1/2本	塩・こしょう‥‥各少々
白ワイン‥‥1/4カップ	干しアンズ‥‥10枚

作り方

① 豚バラ肉は一口大に切って塩・こしょうをし、鍋でこんがりとソテーする。余分な脂はペーパーでふき取る。
② ①に酢、白ワインを入れて強火で煮詰める（写真a）。半分量になったら、Aを加える。
③ ロリエ、パセリの茎を入れ弱火にして、コトコト40分煮る。
④ 味を見て塩・こしょうを入れ、干しアンズを加えて（写真b）、さらに10分煮る。

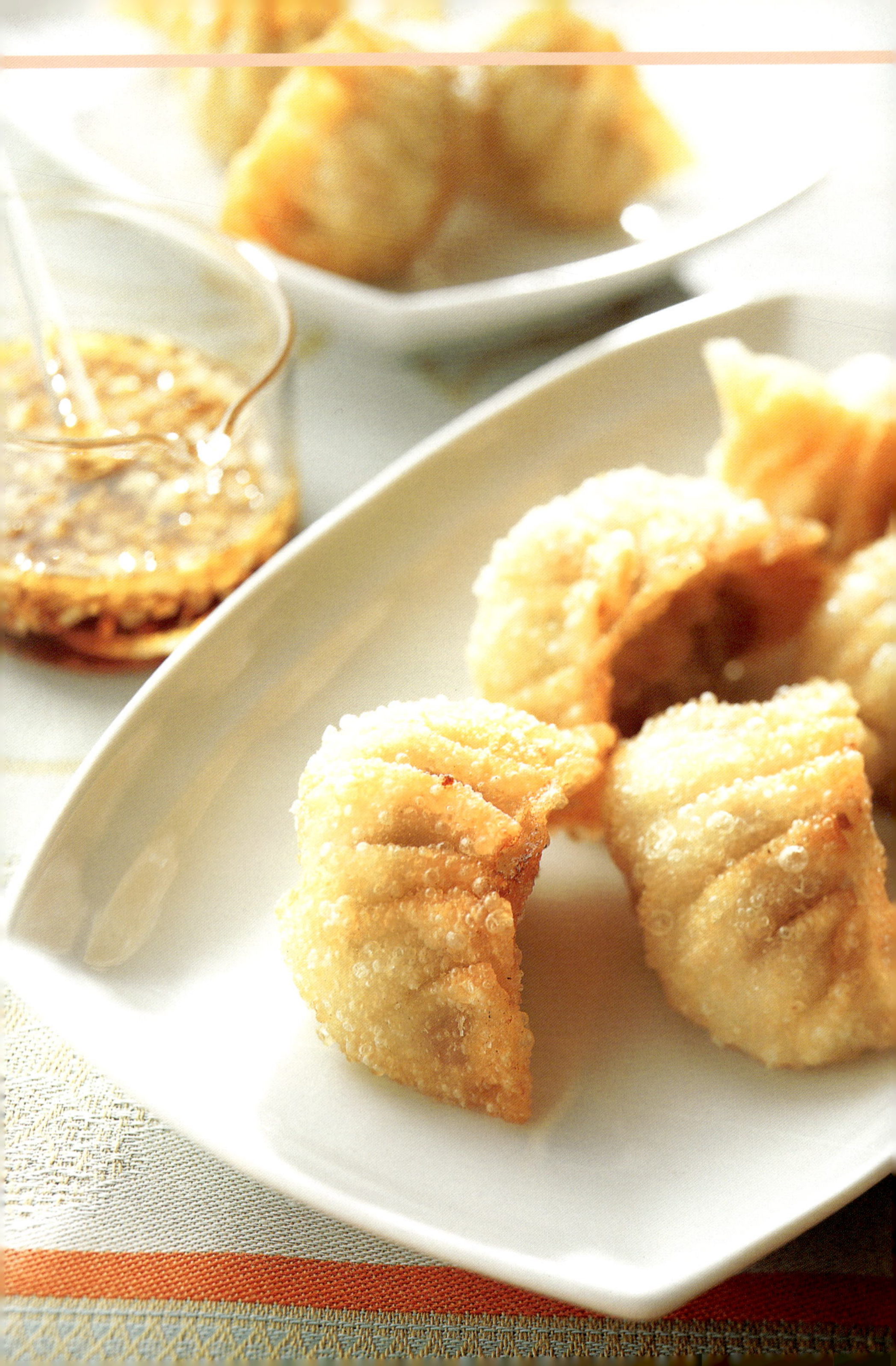

揚げ餃子

揚げたてのものに、にんにくごまだれをかけると、いつもの餃子がさらにおいしくなります。餃子はしっかり包まないと揚げるときに破裂するので注意しましょう。

材料（20個分）

- 豚ひき肉‥‥150g
- キャベツ‥‥200g
- 玉ねぎ‥‥1/4個
- A
  - ごま油‥‥小さじ1
  - 塩‥‥小さじ1/5
  - しょうゆ‥‥小さじ1
  - しょうが絞り汁‥‥小さじ1/2
- 餃子の皮‥‥20枚
- 揚げ油‥‥適量

- たれ
  - ねぎ‥‥10cm
  - しょうが‥‥1/2片
  - にんにく‥‥1個
  - しょうゆ‥‥大さじ3
  - 酢‥‥大さじ2
  - ごま油‥‥大さじ1

作り方

① キャベツは電子レンジ強3分30秒でやわらかくし、粗熱がとれたら、粗みじんにして水気を絞る。玉ねぎはみじん切りにする。

② 豚ひき肉に①を混ぜAを加えてよく練り合わせ、たねを作る。

③ 餃子の皮に②のたねを包み、170℃の油で5〜6分揚げる。

④ ねぎ、しょうが、にんにくはみじん切りにし、しょうゆ、酢、ごま油を混ぜてたれを作る。

⑤ ③に④をかけて、いただく。

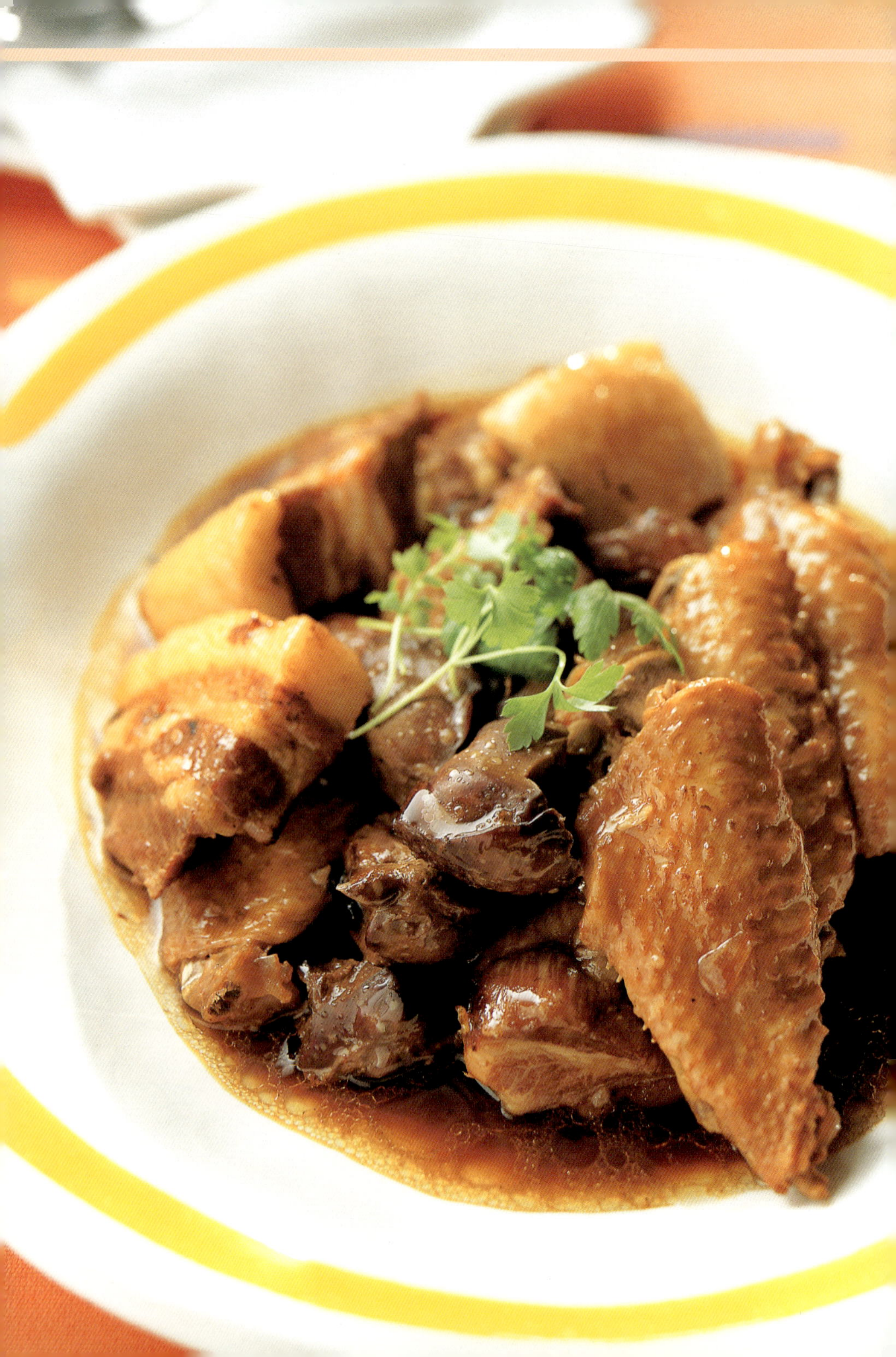

アドボン

豚肉と鶏のレバー、手羽先をじっくり煮込んだエスニック料理。
仕上げの酢が味をキュッと引き締めてくれます。

材　料（4人分）
- 豚バラ肉（ブロック）‥‥300g
- 鶏レバー‥‥150g
- 鶏手羽先‥‥8本
- にんにく‥‥2片
- A ┌ しょうゆ‥‥大さじ4
  │ 酢‥‥大さじ3
  │ ローリエ‥‥2枚
  └ こしょう‥‥少々
- 水‥‥2カップ
- 玉ねぎ‥‥1/4個
- 酢‥‥大さじ2
- チャービル‥‥適宜

作り方
① 鶏手羽先は先の部分を切り落とし、豚バラ肉は2×3cm角に切り、にんにくはつぶしておく。
② ボールに①とAを混ぜ合わせ（写真）、15分漬け込む。
③ 鶏レバーは心臓を切り離して4～5cm大に切り、水にさらしておく。
④ 鍋に②、③、水、玉ねぎを加えて中火で約30分、煮汁がなくなるまで煮る。仕上げに酢を加えてひと煮立ちしたら器に盛り、チャービルを飾る。

アドボンのお肉で作る炒飯

アドボンを使ってパパッと作る炒飯。アドボンをしっかりした味付けにして保存しておくと、いろんな料理に大活躍！

材　料（4人分）
- アドボンの豚バラ肉‥‥150g
- 長ねぎ‥‥1本
- 卵‥‥2個
- 白飯‥‥3合分
- 塩・こしょう‥‥各少々

作り方
① アドボンの豚バラ肉は1cm角に切る。
② 長ねぎはみじん切りにする。
③ フライパンに油を熱し、といた卵を流し入れ、白飯、①、②を加えて炒め、塩・こしょうで味をととのえる。

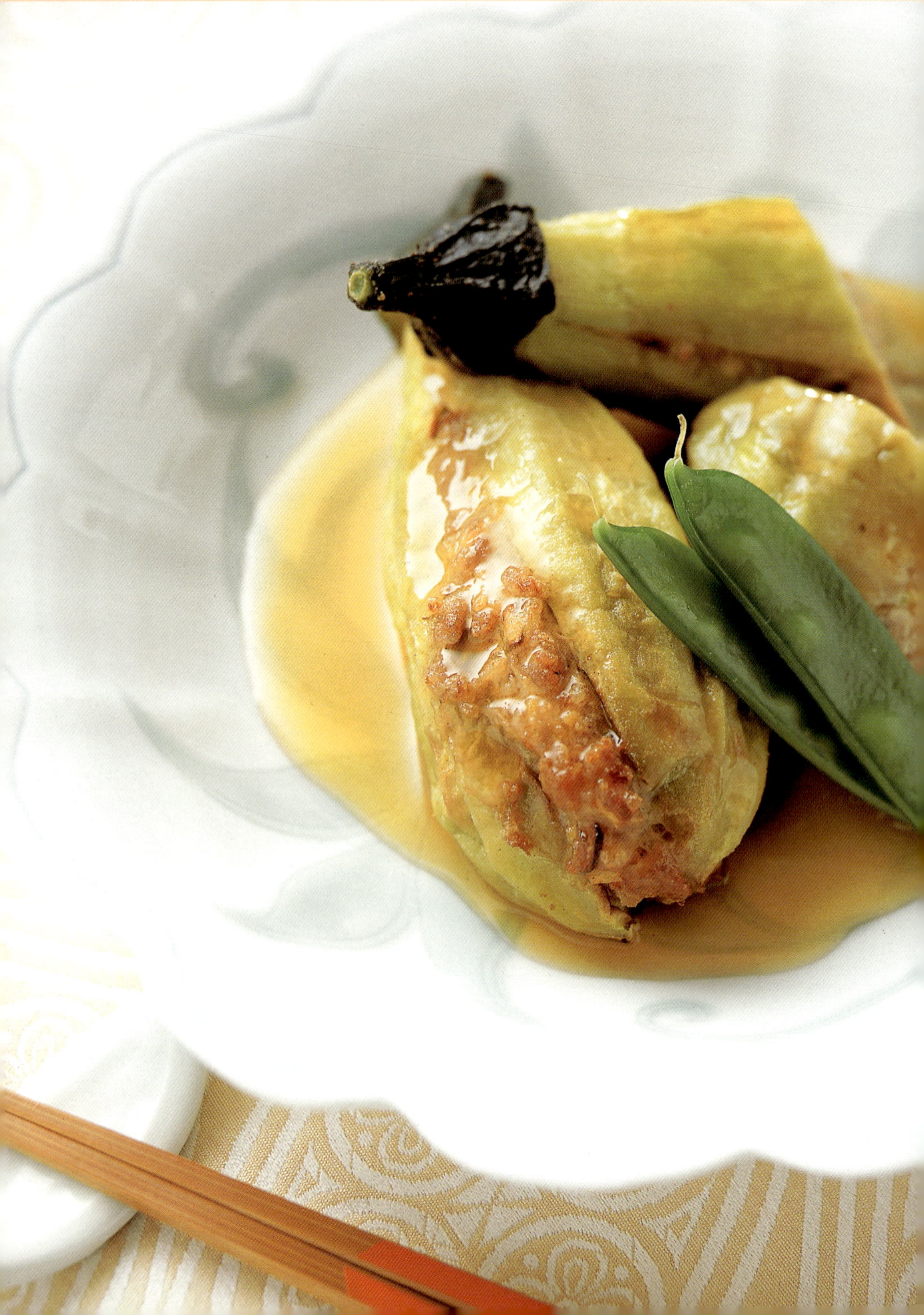

肉詰めなすの甘酢がけ

なすと豚のひき肉、甘酢の相性はバツグン。
本格的な和風料理も思ったより手軽に作れます。

材　料（4人分）

なす‥‥小 4本
豚ひき肉‥‥80g
A ┌ 長ねぎ（みじん切り）‥‥5cm長さ
　├ しょうが（みじん切り）‥‥1片
　├ 卵‥‥1/3個
　├ しょうゆ‥‥小さじ 2/3
　└ 塩‥‥少々
小麦粉‥‥少々
揚げ油‥‥適宜

ごま油‥‥小さじ 2
しょうが（みじん切り）‥‥1片
B ┌ スープ‥‥2/3 カップ
　├ しょうゆ‥‥大さじ 2/3
　├ 酒‥‥大さじ 2/3
　├ 砂糖‥‥少々
　└ 塩‥‥少々
酢‥‥大さじ 1
水溶き片栗粉‥‥大さじ 1
絹さや‥‥8枚

作り方

① なすはヘタを少し残して切り落とし、皮をむいて水にさらす。
② ひき肉にAを加えてよく混ぜ、4等分にする。
③ ①の水気を切って中央に切り込みを入れ、切り口と周りに小麦粉をまぶし、②を間に挟む（写真）。
④ 鍋にごま油を熱し、しょうがを加え、香りが立ったらBを加えて煮立てる。仕上げに酢を加えて、水溶き片栗粉でとろみをつける。
⑤ ③を油で揚げて器に盛り、④をかけて、ゆでた絹さやを添える。

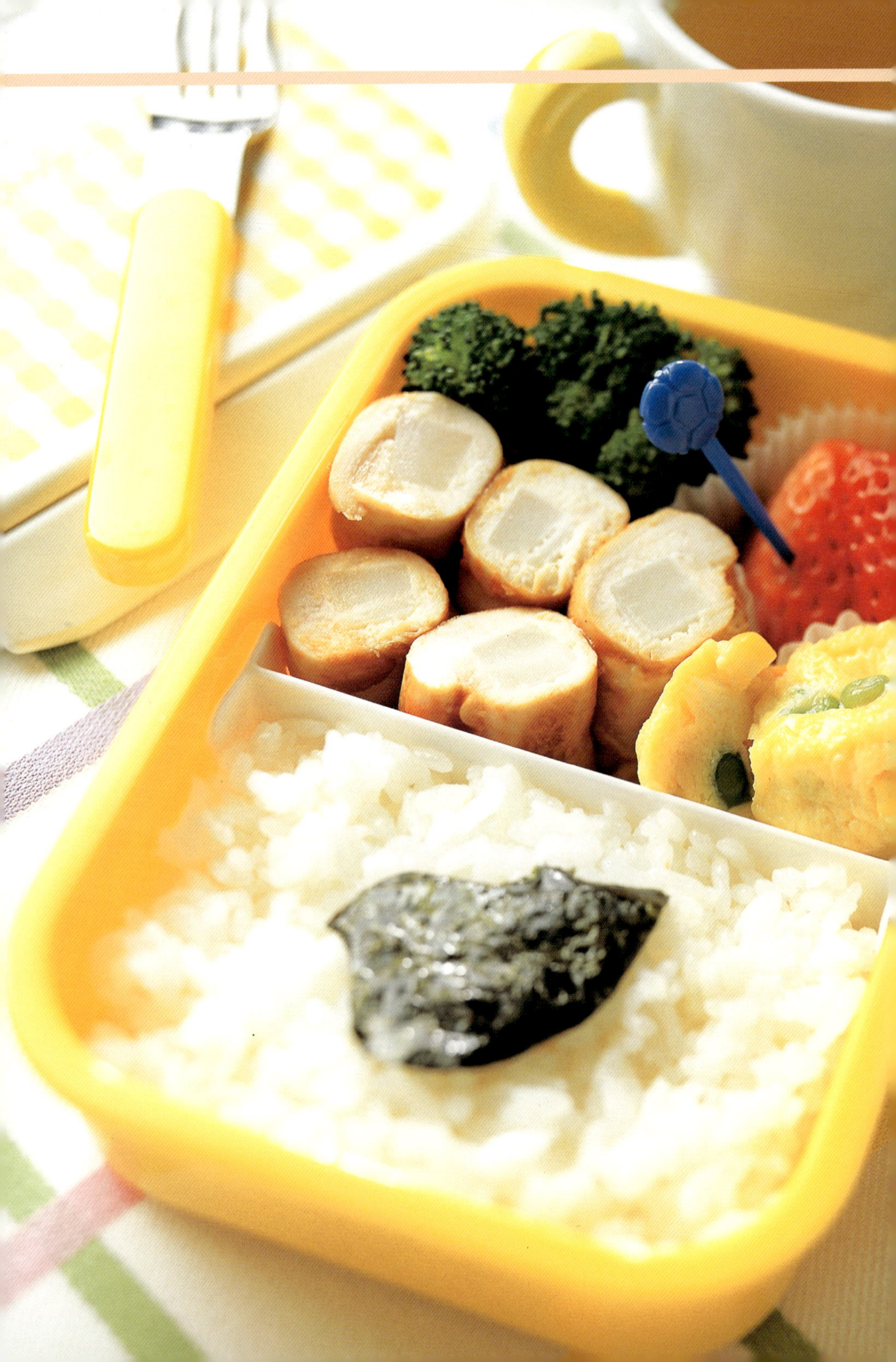

鶏肉のくるくる巻き

お弁当の具にピッタリ。もちろん、野菜を添えて主菜にしてもOK。くるんと巻いたら、しっかりとめましょう。

材　料（4人分）
鶏ささ身肉‥‥4枚
じゃがいも‥‥1個
A ┌ 酢‥‥大さじ2
　├ ケチャップ‥‥大さじ2
　├ 砂糖‥‥大さじ1 1/2
　└ しょうゆ‥‥小さじ1
サラダ油‥‥少々

作り方
① 鶏ささ身肉は筋を取り（写真a）、観音開きにして半分の長さに切る。
② じゃがいもは拍子木切りにして、ゆでておく。
③ ②を①で巻いて楊枝でとめる（写真b）。
④ フライパンに油を熱し、③を焼く。火が通ったら、合わせたAを加えて少し煮る。
⑤ 楊枝を抜いて器に盛る。

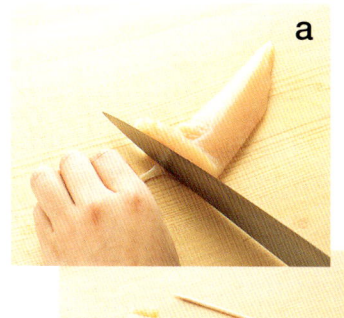

お酢のチカラが食べ物をいたみにくくします。

　お酢の代表的なはたらきとしてまずあげられるのが「食べ物をいたみにくくするはたらき（防腐・静菌効果）」です。お酢にこのようなチカラがあることを、古くから人々は経験を通して知っていました。たとえば、夏場のお弁当にすし飯やお酢を少し入れて炊いたご飯を入れたり、魚をお酢でしめたりするのはこうしたお酢のはたらきを利用して食べ物をいたみにくくする工夫なのです。

鮭のムニエル ラビゴットソース

野菜をたっぷり使ったカラフルでヘルシーなソース。
アイディア次第で応用範囲が広がります。

材料（4人分）

- 生鮭（切り身）‥‥4切れ
- 塩・こしょう‥‥各少々
- 小麦粉‥‥適宜
- トマト‥‥中1個
- きゅうり‥‥1本
- 玉ねぎ‥‥1/4個
- バター‥‥大さじ2
- A ┌ 酢‥‥大さじ2
  │ 塩‥‥小さじ1/2
  │ こしょう‥‥少々
  └ サラダ油‥‥大さじ4
- ブロッコリー‥‥1/2株

作り方

① 鮭は塩・こしょうして、小麦粉を薄くまぶす。
② トマトは湯むきし、横半分に切って種を除いて5mm角に切る。きゅうりと玉ねぎも5mm角に切る。
③ 合わせたAに②を加えて、さっと混ぜる。
④ ブロッコリーは小房に分けて熱湯でゆで、冷水にとり水気を切る。
⑤ フライパンにバターを熱し、①を加えて両面をこんがりと焼いて皿に盛り、③のソースをかけ、④を添える。

ジャーマンポテト

ほど良い酸味のジャーマンポテトはあっさりほくほく、食の細い子もどんどん食べられます。

材　料（4人分）

じゃがいも‥‥中 4個
玉ねぎ‥‥1/2個
ソーセージ‥‥8本
サラダ油‥‥大さじ 2
塩・こしょう‥‥各少々
ワインビネガー‥‥大さじ 1

作り方

① じゃがいもは皮をむいて5mm厚さの輪切りにし、サッと下ゆでする。
② 玉ねぎは薄切り、ソーセージは半分に斜め切りする。
③ フライパンに油の半量を熱し、②を炒め皿に取り出す。
④ 同じフライパンに残りの油を足し、①を軽く焦げ色がつくまで炒め、③を戻し入れる。塩・こしょうで味をととのえ、ワインビネガーを加えてひと炒めし、皿に盛る。

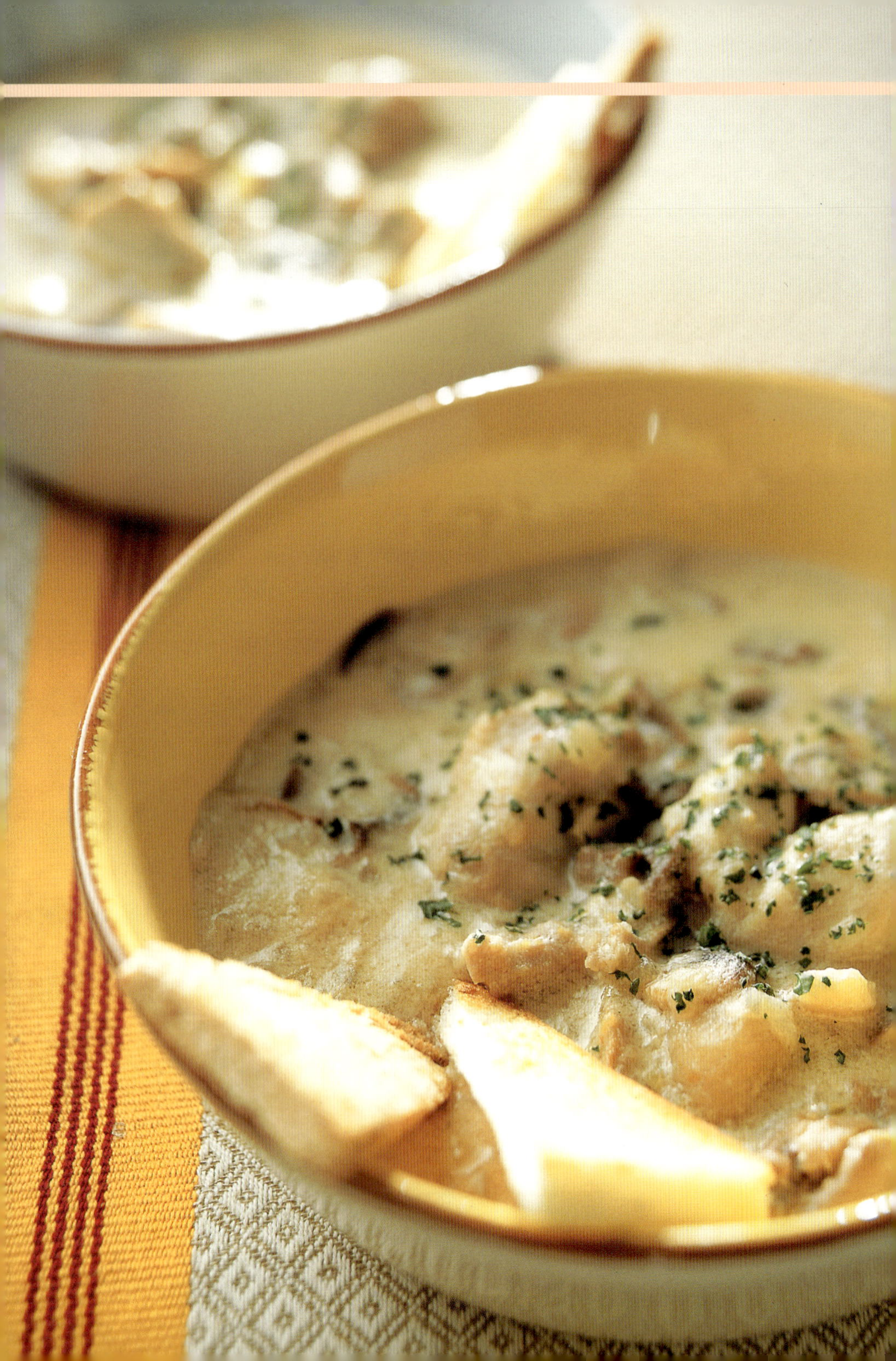

鶏のビネガークリーム煮

ワインビネガーとチーズの風味が良く合った、コクのあるクリーム煮。トーストしたパンと一緒にどうぞ。

材　料（4人分）
鶏もも肉　300g
A ┌ 塩・こしょう‥‥各少々
　 └ タイム‥‥少々
マッシュルーム‥‥200g
玉ねぎ‥‥小 1個
バター‥‥大さじ 2
小麦粉‥‥大さじ 3
ワインビネガー‥‥大さじ 5
B ┌ スープ‥‥1 1/2カップ
　 │ 牛乳‥‥1 1/2カップ
　 └ 塩・こしょう‥‥各少々
パルメザンチーズ‥‥大さじ 4
パセリ（みじん切り）‥‥適宜
サンドイッチ用パン‥‥2枚

作り方
① 鶏肉は一口大に切りAをふる。マッシュルームは石づきを落として薄切りにする。
② 玉ねぎはみじん切りにする。
③ 鍋にバターを熱して②を炒め、透き通ってきたら①を順に加えて炒め合わせる。
④ ③に小麦粉をふり入れて、まんべんなく炒め（写真a）、ワインビネガーも加えて（写真b）ひと炒めする。
⑤ ④にBを加えて混ぜながら煮込み、とろみがついてきたらパルメザンチーズを加えて煮る。
⑥ ⑤を器に盛って、パセリのみじん切りを散らし、食べやすい大きさに切ったパンをトーストして添える。

プリプリえびの甘酢春巻き

子どもの大好きなえびをカラリと揚げた春巻きと、しっとりとした生春巻きの2種類に仕立て味わいの違いを楽しんでみましょう。

材料（4人分）

ミニ春巻きの皮‥‥10枚
むきえび‥‥200g
酒‥‥少々
玉ねぎ‥‥1/4個
サラダ油‥‥大さじ1

A ┌ スープ‥‥1/4カップ
　├ 酢‥‥大さじ1 1/2
　├ 砂糖‥‥大さじ1 1/2
　├ ケチャップ‥‥大さじ1
　└ 塩・こしょう‥‥各少々
水溶き片栗粉‥‥大さじ1
小麦粉‥‥少々
揚げ油‥‥適宜

作り方

① えびはよく洗って1cm角に切り、酒をまぶしておく。
② 玉ねぎはみじん切りにする。
③ 鍋に油を熱して②を炒め、透き通ってきたら①を加えて炒める。
④ ③にAを加えてひと煮立ちしたら、水溶き片栗粉を加えてとろみをつけ、バットに広げて冷ましておく。
⑤ 春巻きの皮で④を包み（写真）、最後は水で溶いた小麦粉ののりでとめ、約170℃の油で色良く揚げて器に盛る。

プリプリえびの甘酢生春巻き

　ライスペーパーは1枚ずつ、サッと湯にくぐらせて、約10分ぬれ布巾に挟んでおきます。せん切りにしたきゅうりを一緒に包んで彩りもきれいに仕上げましょう。ライスペーパーは4人分で10枚、きゅうりは1本です。

白菜の甘酢煮

たくさんの具が入った食感の楽しい甘酢煮です。ご飯にピッタリ。

材　料（4人分）

- 白菜‥‥600g
- 豚薄切り肉‥‥120g
- しょうが汁‥‥小さじ1
- 干し椎茸‥‥4枚
- 長ねぎ‥‥5cm長さ
- 春雨‥‥20g
- サラダ油‥‥大さじ2
- A ┌ スープ‥‥2/3カップ
  │ しょうゆ‥‥大さじ4
  │ 酢‥‥大さじ3
  └ 砂糖‥‥大さじ2
- ごま油‥‥小さじ1/2
- 水溶き片栗粉‥‥大さじ1
- プチトマト‥‥8個

作り方

① 白菜は4cm長さの短冊切りにし、豚肉は1cm幅に切りしょうが汁をまぶしておく。

② 干し椎茸は水に漬けてもどし、細切りにする。長ねぎはみじん切りにする。春雨は熱湯に約10分漬けてざるにあげ、食べやすい大きさに切る。

③ 中華鍋にサラダ油を熱し、長ねぎを炒めて香りが立ったら、①、干し椎茸の順に炒め、Aを加えて煮込む。

④ ③に春雨を加えて、さっと混ぜる。

⑤ ④にごま油をたらして香り付けをし、水溶き片栗粉でとろみをつけて器に盛り、湯むきしたプチトマトを彩りに添える。

肉団子とかぼちゃの酢豚風

コロコロして可愛らしい肉団子と小さく切ったかぼちゃを酢豚風に…。
味も形も食べやすくしました。

作り方

① かぼちゃは皮と種、わたを除き、1.5cm角に切り、約160℃の油でカラッと揚げる。
② 豚ひき肉は、Aを加えてよく練り、直径2.5cmくらいの団子に丸め、約170℃の油で揚げる。
③ もどした干し椎茸と玉ねぎ、ピーマンは、1.5cm角に切る。
④ 中華鍋に油を熱し、③を順に入れて炒め、Bを加えて煮る。とろみがついてきたら①、②を加えて混ぜ合わせ、器に盛る。

材料（4人分）

かぼちゃ　400g
豚ひき肉　200g
A ┌ しょうが（みじん切り）　大さじ1/2
　├ 長ねぎ（みじん切り）　大さじ1
　├ 酒　大さじ1
　├ しょうゆ　小さじ1
　└ 片栗粉　大さじ1
揚げ油　適宜
干し椎茸　4枚
玉ねぎ　1/2個
ピーマン　1個
サラダ油　大さじ2
B ┌ スープ　1/3カップ
　├ 酢　大さじ3
　├ しょうゆ　大さじ3
　├ 砂糖　大さじ2
　└ 片栗粉　小さじ2

特別な日の献立① **子どもの日**

健やかに育ってほしい
スローサラダ、ポテト

んな願いを込めた端午の節句のお祝い。フライドチキンやコール
イなど、子どもに人気のメニューが勢ぞろいしました。

サワーフライドチキン

フライドチキンは酢を加えて漬け込んでから揚げると油っぽさがなくなります。骨無しの場合、漬け込み時間は10分位でOK。

材　料（4人分）

- 鶏手羽元‥‥8本
- 塩・こしょう‥‥各少々
- A ┌ にんにく‥‥1/2個
  │　しょうゆ‥‥大さじ1
  │　酢‥‥大さじ1
  └ オールスパイス‥‥少々
- 塩‥‥小さじ1/3
- こしょう‥‥少々
- 小麦粉‥‥適量
- 揚げ油‥‥適量

作り方

① 手羽元は竹串で穴を開けて（写真a）、塩・こしょうする。
② ボールに薄切りにしたにんにくとAの調味料を入れ、①を20分漬け込む（写真b）。
③ ②の鶏肉に小麦粉をつけ余分な粉をはたき、170℃の油で10分きつね色になるまで揚げる。

コールスローサラダ

子どもに人気のコールスローサラダ。マヨネーズで和えるだけでなく、塩や酢、オイルを加えるとサッパリして食べやすくなります。子どもの好きなコーンも入れてみましょう。

材　料（4人分）
- キャベツ‥‥1/4個
- にんじん‥‥1/3本
- コーン（缶詰）‥‥1/2カップ
- 塩‥‥小さじ1/3
- A ┌ 酢‥‥大さじ1
- 　├ サラダ油‥‥大さじ1
- 　└ マヨネーズ‥‥大さじ2

作り方
① キャベツは芯を取り1cm角に切り、にんじんは5mm角に切る。塩で軽くもみ、味が絡まりやすくする。
② コーンは汁気を切って、①に加える。
③ Aを入れ全体をよく混ぜる。

ベリーのアイスクリームパフェ

ベリーのシロップはヨーグルトやクレープにも合います。少し多めに作って冷凍しておくと便利です。

材　料（4人分）
- バニラアイス　500ml
- ラズベリー　100g
- バーモント酢　1/4カップ

作り方
① ラズベリーとバーモント酢を耐熱容器に入れ、電子レンジ強で2分かける（写真）。
② バニラアイスをガラスの器に盛り、①を上からかける。

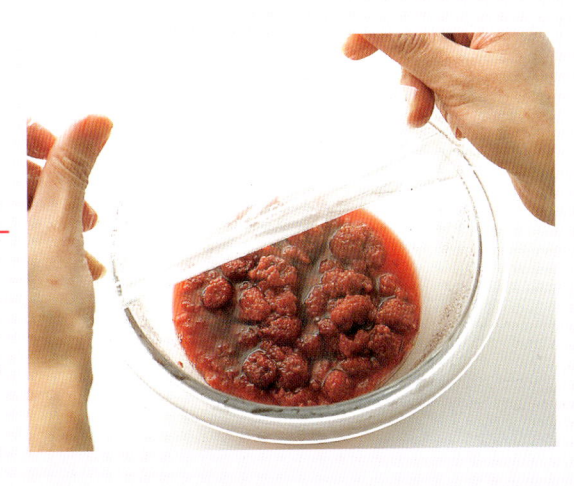

子どもも大人も大喜びのお寿司＆丼

おいしいすし飯の作り方をマスターして、お寿司作りにチャレンジしま
あったかご飯にたっぷりの具をのせた丼は、食欲をそそり、心を暖かく

雛祭り寿司

雛祭りのお寿司というと五目寿司が多いのですが、同じ材料を重ね
たら、こんなに可愛いお寿司になりました。押し型がないときは、
大きめの型で作り、切り分けましょう。

う。子どもと一緒に作るといっそう楽しくなります。
くれます。

材　料（4個分）

- 米‥‥3合
- 水‥‥620cc
- 合わせ酢
  - 酢‥‥80cc
  - 砂糖‥‥大さじ3
  - 塩‥‥小さじ1 1/2
- 鶏そぼろ
  - 椎茸‥‥3枚
  - 鶏ひき肉‥‥200g
  - 酒‥‥大さじ2
  - 砂糖‥‥大さじ2
  - しょうゆ‥‥大さじ2
- いり卵
  - 卵‥‥2個
  - 塩・砂糖‥‥各少々
- 絹さや‥‥30g
- 塩‥‥少々
- 桜でんぶ‥‥20g
- 菜の花‥‥適宜
- 甘酢しょうが‥‥適宜
- キウイフルーツ‥‥適宜

作り方

すし飯
① 米は洗って普通に炊く。
② 酢、砂糖、塩を混ぜ、合わせ酢を作る（写真a）。
③ ご飯をボールに移し、合わせ酢を回しかけ（写真b）、しゃもじで切るように混ぜる（写真c）。
④ うちわで扇ぎ、時々混ぜながら冷ます。

鶏そぼろ
① 椎茸はみじん切りにする。
② 鍋で鶏ひき肉を箸で混ぜながら炒め、半分火が入ったところで椎茸を入れさらに炒める。
③ 酒、砂糖、しょうゆで調味し、汁気がなくなるまで強火でいり付ける。
④ バットにあけて冷ましておく。

いり卵
① 耐熱容器に卵をとき、塩、砂糖を入れ混ぜ、電子レンジ強で1分加熱し、箸で混ぜいり卵を作る。

絹さや
① 絹さやは筋を取って、塩を入れた熱湯でゆで、斜めに切る。

型にすし飯、鶏そぼろを入れ押さえる。次にすし飯、絹さや、いり卵を重ね押さえる。桜でんぶをのせ整える。ゆでた菜の花と甘酢しょうが、キウイフルーツを添える。

a

b

c

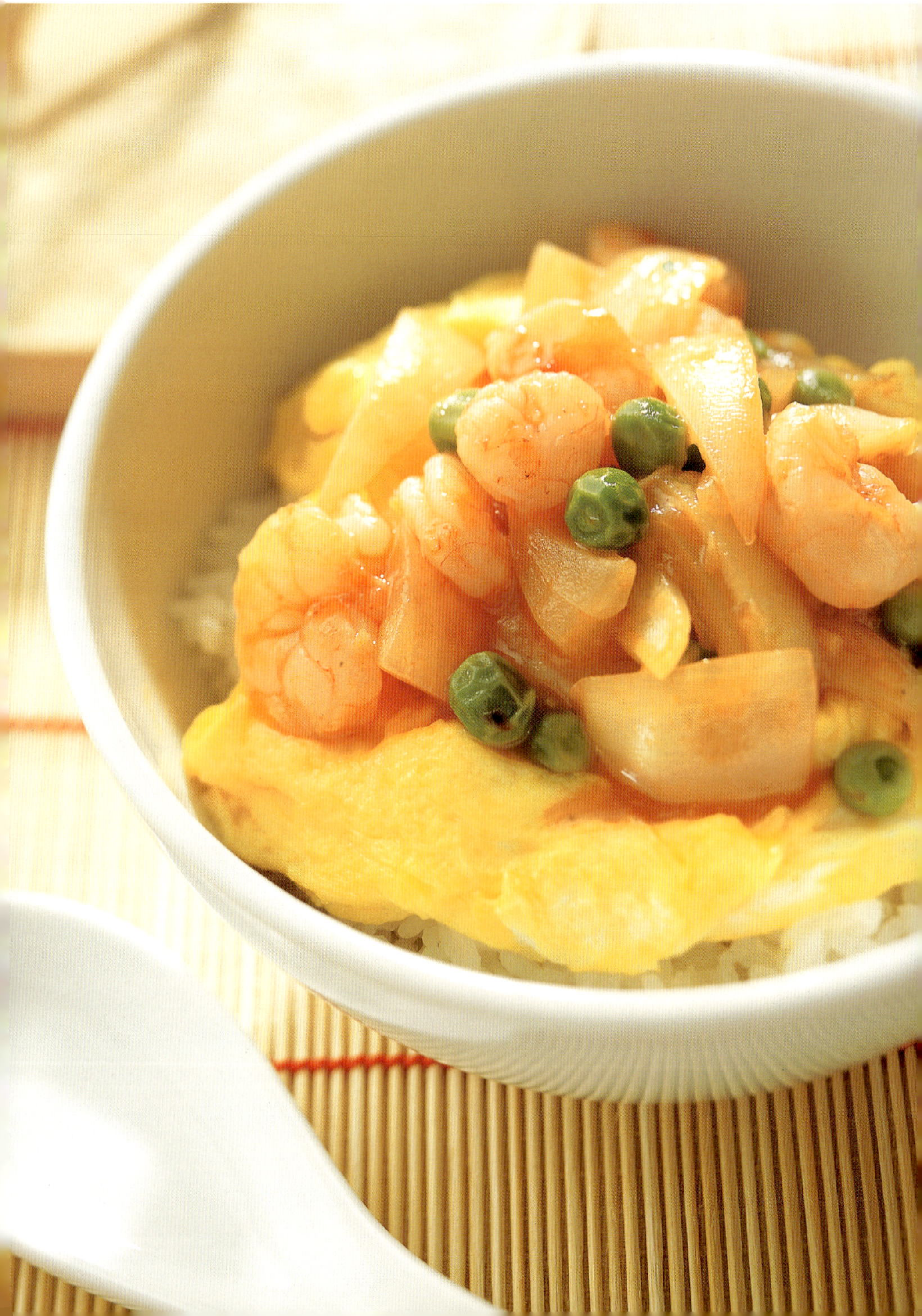

変わり中華丼

みんな大好きなえびチリソースをフワフワ卵にかけてみました。豆板醤の辛さはお好みで加減しましょう。

材　料（2人分）

- 小えび‥‥160g
- 塩・酒‥‥各少々
- 片栗粉‥‥適量
- 玉ねぎ‥‥1/2個
- 長ねぎ‥‥5cm
- しょうが‥‥1/2片
- グリーンピース‥‥大さじ3
- A ┌ スープ‥‥大さじ2
　　│ ケチャップ‥‥大さじ1
　　│ 酢‥‥大さじ2
　　│ 砂糖‥‥小さじ1
　　└ 豆板醤‥‥小さじ1/2
- ご飯‥‥お茶碗3杯分
- 卵‥‥4個
- サラダ油‥‥大さじ3
- 水溶き片栗粉‥‥適量

作り方

① 小えびは背わたを取って塩水で洗い、水気を切って塩、酒、片栗粉をまぶしてゆで、ざるにあげておく。

② 長ねぎ、しょうがはみじん切りにする。玉ねぎは横半分に切り1cmのくし形に切る。

③ フライパンにサラダ油大さじ2を熱し、卵を入れフワフワ卵を作り、どんぶりに盛ったご飯の上にのせる。

④ フライパンにサラダ油大さじ1を熱し、長ねぎ、しょうがを炒め、豆板醤を入れ、玉ねぎを炒める。

⑤ ④にAを入れて沸いたら、小えびとグリーンピースを入れて水溶き片栗粉でとじる。

⑥ ③に⑤をかける。

くるくる海苔巻き・軍艦巻き

お家で作る軍艦巻きは色々な具をのせて楽しみましょう。大きいと食べにくいので、一口大に握り、海苔も2cm幅に切ります。

材　料
すし飯‥‥お茶碗6杯分
海苔‥‥2枚
くるくる海苔巻き ┬ 味付きかんぴょう‥‥20cm 2本
　　　　　　　　├ きゅうり‥‥1/4本
　　　　　　　　├ たくあん‥‥20cm 1本
　　　　　　　　└ 卵焼き‥‥1個
軍艦巻き ┬ 焼き肉 ┬ 牛肉‥‥30g
　　　　 │　　　　├ 塩・こしょう‥‥少々
　　　　 │　　　　├ サラダ油‥‥適量
　　　　 │　　　　└ 焼き肉のたれ‥‥大さじ1
　　　　 ├ ほうれん草のごま和え ┬ ほんれん草‥‥80g
　　　　 │　　　　　　　　　　　├ 塩‥‥少々
　　　　 │　　　　　　　　　　　├ しょうゆ・砂糖‥‥各小さじ1
　　　　 │　　　　　　　　　　　└ すりごま‥‥大さじ1/2
　　　　 └ ツナマヨ ┬ ツナ缶‥‥1缶
　　　　　　　　　　└ マヨネーズ‥‥大さじ1

作り方

● くるくる海苔巻き
① 簾に海苔を敷いてすし飯をのせ、向こう側2cmはあけて広げる。手前から卵焼き、かんぴょう、きゅうり、たくあんをのせ巻いていく。
② 簾をしっかりと押さえ形を整える。濡らした包丁で食べやすい1.5cm幅に切る。

● 軍艦巻き
① 牛肉は塩・こしょうをし、フライパンにサラダ油をひいて焼き、焼き肉のたれで味付けする。
② ほうれん草は洗って塩ゆでし、冷水にとってから水気を切る。3cmに切り、しょうゆ、砂糖、すりごまで和える。
③ ツナ缶は油を軽く切り、マヨネーズで和える。
④ すし飯を握って、帯状に切った海苔を巻き、①～③をのせる。

アレンジ

軍艦巻きの具はお好みで。焼き肉やほうれん草のごま和えなどのほかにも、明太いかや野沢菜納豆など、お店では食べられない組み合わせを試してみてはいかがでしょうか。

材料
明太いか　辛子明太子‥‥1/4腹
　　　　　いかそうめん‥‥30g
野沢菜納豆　納豆‥‥1パック
　　　　　　野沢菜‥‥大さじ1

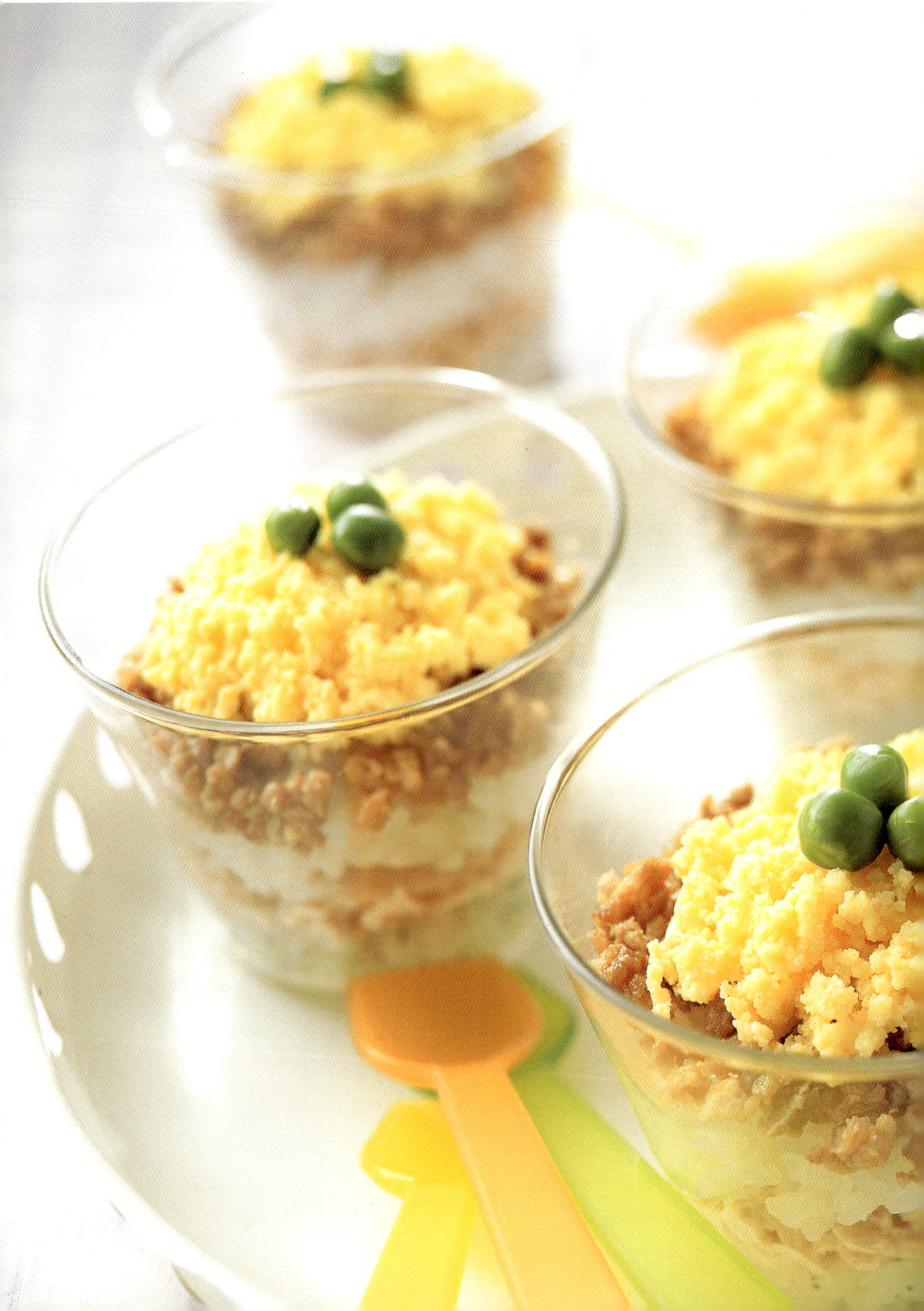

カップ寿司

プリンやアイスクリームのカップに、すし飯と具を重ねて作るユニークなお寿司。お誕生日会などにピッタリ、みんなが驚く愛らしさです。

材　料（4人分）

鶏ひき肉‥‥100g
A ┌ しょうゆ‥‥小さじ2
　 ├ 酒‥‥小さじ2
　 └ 砂糖‥‥大さじ1/2
ツナ缶‥‥1缶
マヨネーズ‥‥大さじ2
卵‥‥1個
B ┌ 塩‥‥少々
　 └ 砂糖‥‥小さじ1
白飯‥‥2合分
すし酢‥‥大さじ4
パセリ（みじん切り）‥‥少々
グリーンピース‥‥適宜

作り方

① 鍋に鶏ひき肉とAを入れて火にかけ、炒り煮して鶏そぼろを作る。
② ツナはマヨネーズで和えておく。
③ 卵はBを加えてときほぐし、電子レンジで1分30秒加熱して、フォークでかき混ぜて炒り卵を作る。
④ 白飯にすし酢を加えて混ぜ合わせ、半量にはパセリを加えてさらに混ぜ合わせる。
⑤ カップに、パセリすし飯、②、すし飯、①、③の順に層になるように入れ、グリーンピースを散らす。

おうち海鮮丼

海鮮丼は好きなものをどんどんのせて作ってみましょう。子どもの記念日に自分で盛り付けさせるのもいいアイディアです。

材 料（4人分）
すし飯‥‥お茶碗 4杯分
ねぎとろ‥‥200g
とびっこ‥‥大さじ 4
きゅうり‥‥1本
ゆでえび‥‥4尾
卵焼き‥‥4枚
焼き海苔‥‥1枚

作り方

① きゅうりは斜めせん切りにする。
② 丼にすし飯を盛り、細切りにした海苔をのせた上に、ねぎとろ、殻をむいて半分に切ったえび、食べやすいよう斜めに切った卵焼き、とびっこを彩り良く盛り付ける。

うなぎのばら寿司

サッと作れて豪華なお寿司。卵をごく薄く焼くのがポイントです。

材料（4人分）
- レタス‥‥1/2個
- にんじん‥‥1本
- すし酢‥‥1/2カップ
- 卵‥‥1個
- 塩‥‥少々
- うなぎの蒲焼き‥‥1/2尾
- 白飯‥‥2合分
- 塩‥‥少々
- サラダ油‥‥適宜
- 木の芽‥‥適宜

作り方

① レタス、にんじんはせん切りにし、すし酢につけておく（写真）。
② 卵は塩を加えてときほぐし、サラダ油を熱したフライパンに半量を流し入れ、薄焼き卵を作る。残りの半量も同様にし、冷めたらせん切りにして錦糸卵にする。
③ 白飯に①を加えて混ぜ、すし飯を作る。
④ 器に③を盛り②を散らして、食べやすい大きさに切ったうなぎの蒲焼きを並べ、木の芽を散らす。

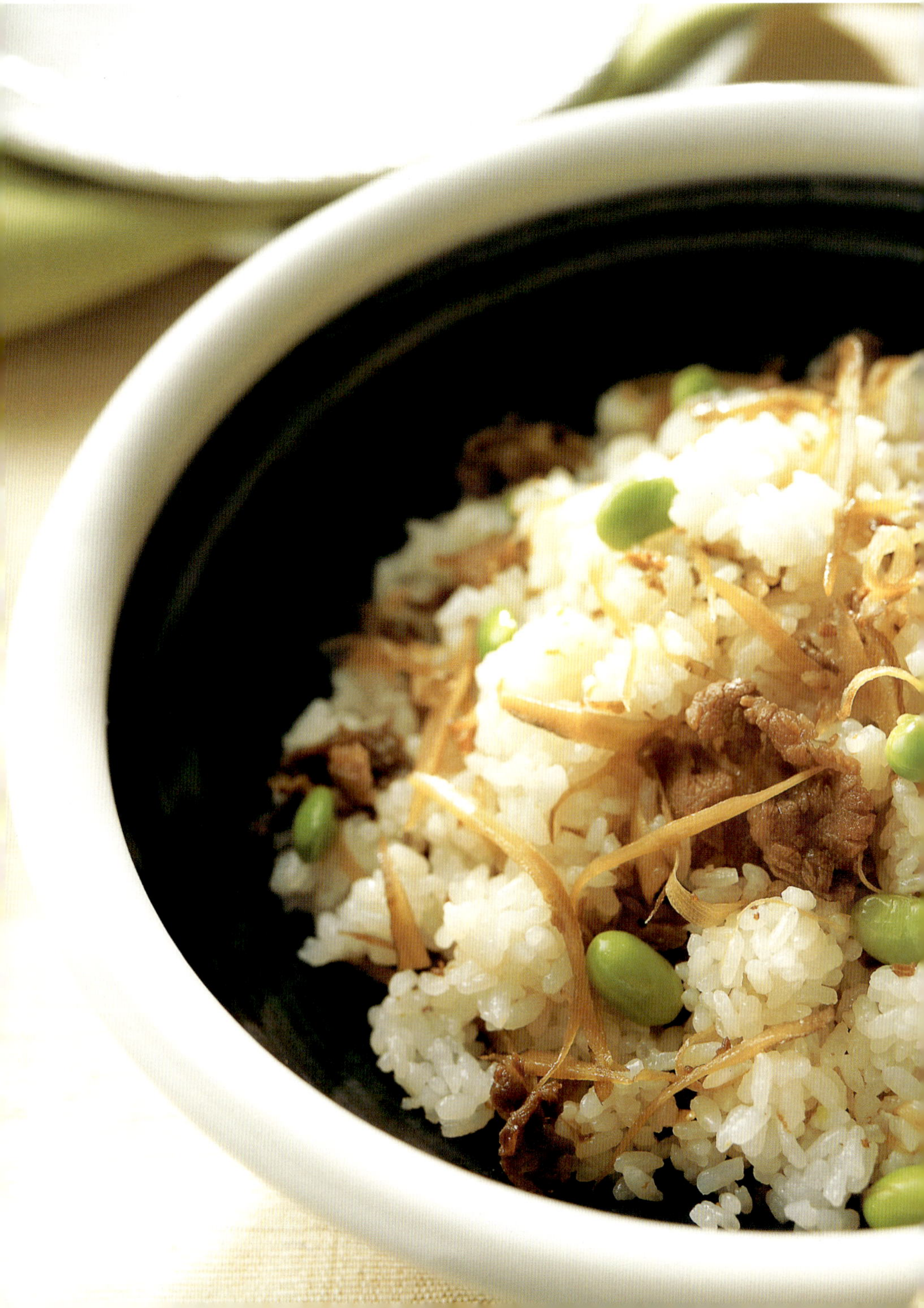

牛肉とごぼうのきんぴら寿司

甘辛味のきんぴら入りお寿司。牛肉味なので、子どもにきっと人気！

材　料（4人分）
すし飯‥‥お茶碗 4杯分
牛肉‥‥100g
ごぼう‥‥50g
ごま油‥‥大さじ 1/2
砂糖‥‥大さじ 1
しょうゆ‥‥大さじ 1 1/2
酒‥‥大さじ 1
枝豆（冷凍）‥‥200g

作り方

① 牛肉は4cmに切り、ごぼうはささがきにし水にさらす。枝豆はゆでてさやから出しておく。
② ごま油で牛肉を炒め、半分色が変わったら、水気を切ったごぼうを入れる。砂糖、しょうゆ、酒を入れ汁気がなくなるまで中火で炒り煮する（写真）。
③ すし飯に②と枝豆を混ぜる。

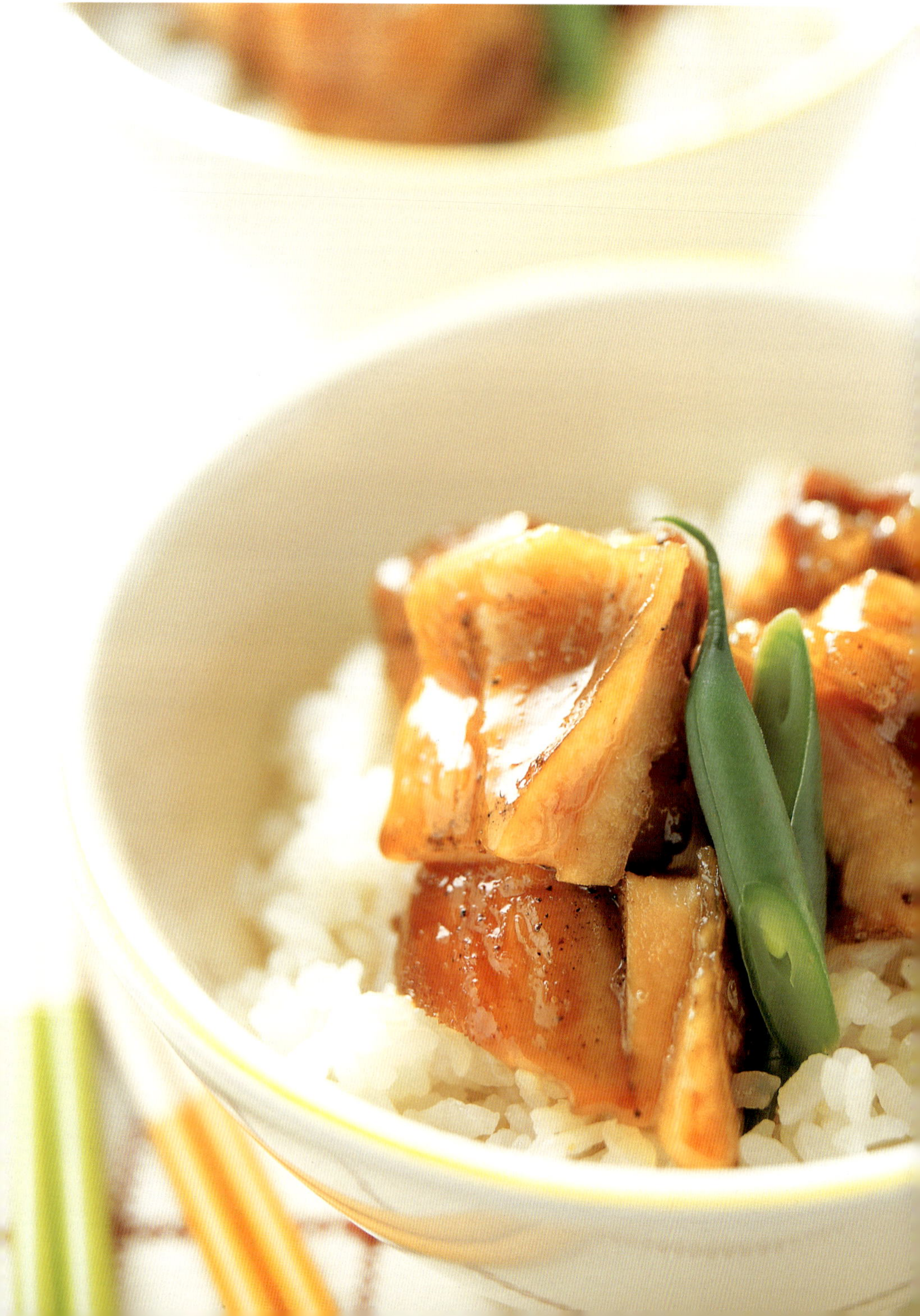

鶏のカラメル丼

絶妙な甘酸っぱさがご飯に良く合います。充分にたれをからめて照り良く仕上げましょう。

材　料（4人分）

鶏もも肉‥‥2枚
塩・こしょう‥‥各少々
サラダ油‥‥大さじ1
A ┌ 砂糖‥‥大さじ4
　├ 水‥‥大さじ2
　├ みりん‥‥小さじ2
　├ しょうゆ‥‥小さじ2
　└ 酢‥‥大さじ1
白飯‥‥お茶碗4杯分
いんげん‥‥4本

作り方

① 鶏もも肉はフォークで数か所刺し、塩・こしょうする。
② フライパンに油を熱し、①を皮目を下にして入れ、中火でこんがりと焼いて裏返し両面焼いたら、一度取り出す。
③ ②のフライパンにAを入れて煮立て、とろっとしてきたら、鶏肉を戻し入れて煮からめる（写真）。
④ 丼に炊きたての白飯を盛り、③をたれごとのせ、ゆでたいんげんを添える。

特別な日の献立② **七　夕**　ひこぼしとおりひめ（
たちが輝いています。

会いに祈りを込め、笹を飾り付けていただく食卓には、小さな星

五色冷やし中華

七夕への願いを込めた五色の短冊のように、青・赤・黄・白・黒の具をバランス良く盛り付けましょう。

材　料（4人分）

中華麺‥‥4玉
鶏ささ身肉‥‥2本
A ┌ 塩・こしょう‥‥各少々
　 └ 酒‥‥大さじ1
きゅうり‥‥1本
トマト‥‥1個
干し椎茸‥‥4枚
B ┌ 椎茸のもどし汁‥‥1カップ
　 │ しょうゆ‥‥大さじ1
　 │ みりん‥‥大さじ1
　 └ 塩‥‥少々
卵‥‥1個
塩‥‥少々
サラダ油‥‥適宜
C ┌ 練りごま（白）‥‥大さじ4
　 │ スープ‥‥大さじ2
　 │ しょうゆ‥‥大さじ1 1/3
　 └ 酢‥‥大さじ1 1/3
にんじん‥‥少々

作り方

① 中華麺はたっぷりの熱湯でゆであげて氷水にとり、よく洗ってざるにあげ、水気を切っておく。
② ささ身は筋を除いて耐熱皿に並べ、Aをふりかけてラップをし、約1分半加熱する（写真）。冷めたら手で細く裂く。
③ きゅうりはせん切りにして、トマトはヘタを取り、縦半分に切ってから3mm厚さに切る。
④ 干し椎茸は水に浸してもどし、鍋で煮立てたBに加え、煮汁がほとんどなくなるまで煮含める。冷めたら細切りにする。
⑤ 卵は塩を加えてときほぐし、サラダ油を熱したフライパンに半量ずつ流し入れて薄焼き卵を作る。冷めたらせん切りにして錦糸卵を作る。
⑥ ①を器に盛り、②〜⑤、ゆでて型抜きしたにんじんを彩り良く盛り付け、合わせたCをかける。

お酢シャーベット

ひんやりシャリシャリのオレンジシャーベット。半分に切ったオレンジの皮を器にしてもキュート！ほかに、いちごやレモン、りんごなどでもおいしく作れます。

材　料（4人分）

- オレンジ‥‥3個
- A ┌ ハチミツ‥‥大さじ1
　　└ 酢‥‥大さじ2
- ミントの葉‥‥適宜

作り方

① オレンジは横半分に切り、果汁を絞る。
② ①の果汁にAを加えて、よく混ぜ合わせる。
③ ②をバットに流し入れ、冷凍庫で冷やし固める。途中、30分おきにかき混ぜる。
④ 器に③を盛り、ミントの葉を飾る。

お酢は疲れたカラダを癒します。

　カラダをよく動かした後はエネルギー不足の状態になっています。「疲れた」と感じるのはこのためです。こんなとき、人は食べたり飲んだりしてエネルギーを補給しますが、お酢を一緒にとると、より早く、より効率的にカラダを元の状態にもどすことができます。お寿司や酢の物だけでなく、ふだんのお料理にもお酢を使って、元気なカラダを維持しましょう。夏バテによる疲労の回復にも効果的です。

ちょっと一品の小鉢料理&スープ

お酢を使った副菜といえば、酢の物が定番ですが、甘酢にしたり、ユニ

クな盛り付けにしたりと、工夫次第で子どもの喜ぶメニューになります。

プチトマトの甘酢

色鮮やかなプチトマトの可愛らしい酢漬け。
充分冷やしていただきましょう。

作り方

① プチトマトはへたを取って熱湯に入れ皮がはじけたら、冷水にとって皮をむく（写真）。
② Aを耐熱ボールに入れ、ラップをかけずに電子レンジ強に4分かける。
③ ②のマリネ液の粗熱がとれたら、プチトマトを入れて30分以上漬け、味をなじませる。

材　料（4人分）
- プチトマト‥‥1パック
- A ┌ 酢‥‥1/2カップ
　　├ 砂糖‥‥大さじ2
　　└ 塩‥‥小さじ1

きゅうりのピクルス

きゅうりをおかかしょうゆに漬けるとおいしくいただけます。お父さんのおつまみにも最適。

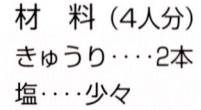

材　料（4人分）
- きゅうり‥‥2本
- 塩‥‥少々
- A ┌ 酢‥‥大さじ3
　　├ しょうゆ‥‥大さじ1
　　├ 水‥‥大さじ1
　　└ 削り節‥‥3g

作り方

① きゅうりは1.2cmの輪切りにし、塩でもんでおく。
② Aを耐熱ボールに入れ、ラップをかけずに電子レンジ強に1分かける。
③ ②の粗熱がとれたら、軽く水気を切ったきゅうりを入れ、味をなじませる。冷蔵庫で20分漬ける。

セロリの昆布マリネ

セロリが苦手な子もいますが、昆布マリネにすると独特の匂いも和らぎ、ポリポリと後を引きます。一緒にきゅうりやかぶもどうぞ。

作り方
① セロリは筋を除いて、1cm×4cm位に切る。
② Aを耐熱ボールに入れ、ラップをかけずに電子レンジ強に2分かける。
③ ②の粗熱がとれたら、セロリを入れ（写真）味をなじませる。冷蔵庫で20分冷やす。

材　料（4人分）
セロリ‥‥2本
A ┌ 酢‥‥大さじ3
　├ 薄口しょうゆ‥‥大さじ1
　├ 水‥‥大さじ2
　└ 昆布‥‥3cm

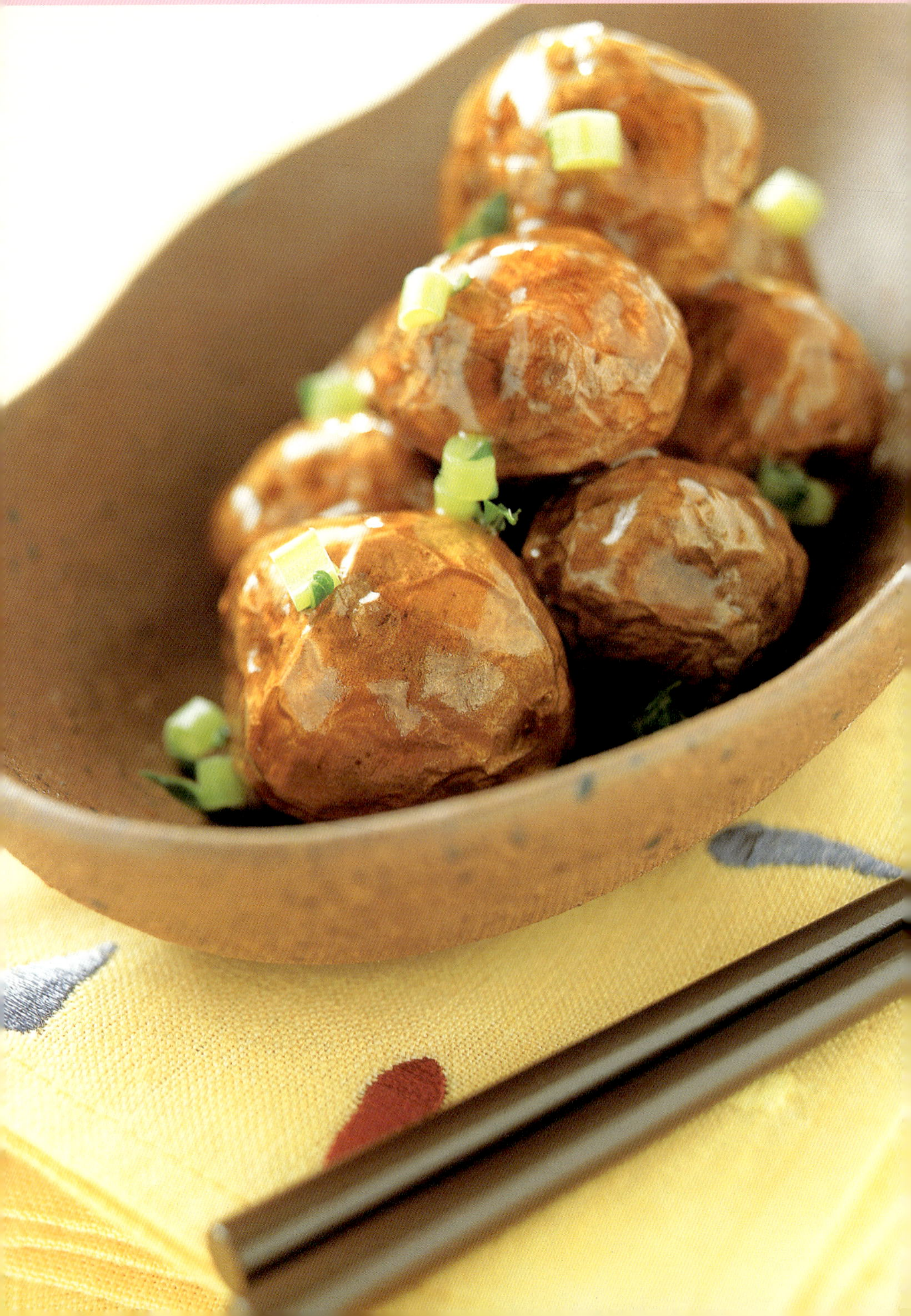

じゃがいもの甘酢和え

香ばしく揚げたじゃがいもと、とろりとした甘酢の風味が絶妙。
じゃがいもはあわてずじっくり揚げましょう。

材　料（4人分）
- 新じゃがいも‥‥小 16個
- 揚げ油‥‥適宜
- 塩・こしょう‥‥各少々
- A
  - スープ‥‥1/4カップ
  - 酢‥‥大さじ2
  - 酒‥‥大さじ1
  - しょうゆ‥‥小さじ2
  - 砂糖‥‥大さじ1
  - 片栗粉‥‥小さじ2
- 大根の葉‥‥適宜

作り方
① 新じゃがいもはよく洗って、皮つきのまま約170℃の油でじっくりと揚げ、塩・こしょうをまぶして器に盛る。
② 鍋にAの材料を加えて煮立て、とろみがついたら①を入れて煮からめ、ゆでて小口切りにした大根の葉を散らす。

お酢のさっぱり感でおいしく「食」がすすみます。

　お酢の酸味は人の味覚、嗅覚を刺激して、脳の食欲をコントロールするところにはたらきかけます。また、お酢のさっぱり感は食欲回復のお手伝いをしてくれます。
　さらに、酸味によって唾液の分泌が促され唾液の量も増えることで、より食欲は増し、消化吸収も良くなるという効果が期待できます。

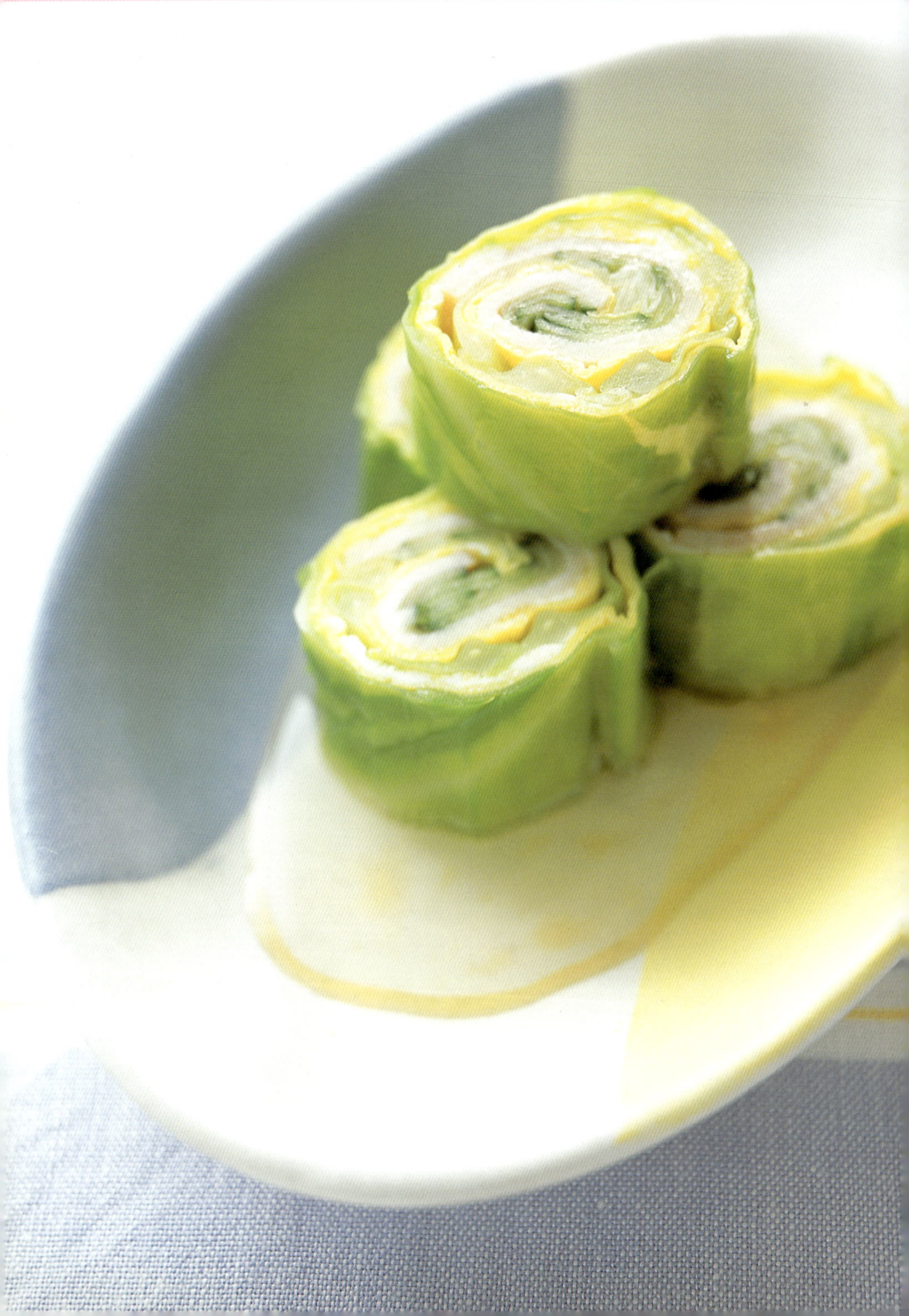

キャベツの巻き巻き

巻き寿司のように、ギュッと巻くのがポイント！それぞれの素材の歯触りと味を楽しんでください。

材料（4人分）

- キャベツ‥‥2枚
- きゅうり‥‥1本
- 塩‥‥小さじ1/4
- 酢‥‥大さじ1
- 卵‥‥2個
- 塩‥‥小さじ1/4
- スライスハム‥‥4枚
- A ┌ 酢‥‥大さじ3
  │ 砂糖‥‥小さじ1
  │ 塩‥‥小さじ1/2
  └ ごま油‥‥小さじ1

作り方

① キャベツは熱湯でさっとゆで、芯の部分を薄くそぎ、包丁の背で叩く。
② きゅうりはピーラーで薄切りにし、①とともに塩と酢で下味をつける。
③ 卵は塩を加えてときほぐし、サラダ油を熱したフライパンに半量ずつ流し入れ、薄焼き卵を作る。
④ 巻き簾の上に、キャベツ、薄焼き卵、きゅうり、ハムをのせて固く巻き（写真）、しばらく置く。
⑤ ④を厚さ2cm位に切って器に盛り、Aをかける。

まぐろとアスパラガスのぬた

彩りの良い素材を使って、ちょっと大人の味にも挑戦させてあげましょう。

材　料（4人分）

- まぐろ（柵）‥‥1本
- グリーンアスパラガス‥‥6本
- 塩‥‥少々
- カリフラワー‥‥1/4株
- 酢‥‥少々
- A ┌ 白みそ‥‥60g
　　│ 砂糖‥‥大さじ2
　　└ 酢‥‥大さじ2

作り方

① まぐろは1.5cm角に切る。
② グリーンアスパラガスははかまを落として、下半分は皮をむき、塩を加えた熱湯でゆでる。冷水に取り、水気を切って食べやすい大きさの斜め切りにする。
③ カリフラワーは小房に分け、さらに半分に切って酢を加えた熱湯でゆでて、冷水に取り、ざるにあげる。
④ ①、②、③を器に盛り、合わせたAをかける。

にんじん・きゅうり・しらたきのごま酢和え

野菜としらたきの食感、香ばしいごまと酢のハーモニーが楽しめ、栄養もバツグン！

材　料（4人分）

- にんじん‥‥1/2本
  - 塩‥‥少々
  - 酢‥‥小さじ2
- きゅうり‥‥1 1/2本
  - 塩‥‥少々
  - 酢‥‥小さじ2
- しらたき‥‥1玉
  - 砂糖‥‥大さじ1/2
  - 塩‥‥小さじ1/4
- A
  - 白すりごま‥‥大さじ4
  - 砂糖‥‥大さじ1 1/2
  - 塩‥‥小さじ1/4
  - 酢‥‥大さじ1 1/2

作り方

① にんじんは4cm長さの細いせん切りにし、塩・酢で下味をつける。
② きゅうりは塩でみがいて小口より薄切りにし、塩・酢で下味をつける。
③ しらたきはゆでて4cm長さに切り、砂糖・塩でサッと煮上げる。
④ ①、②、③の汁気を切って、合わせたAで和えて器に盛る。

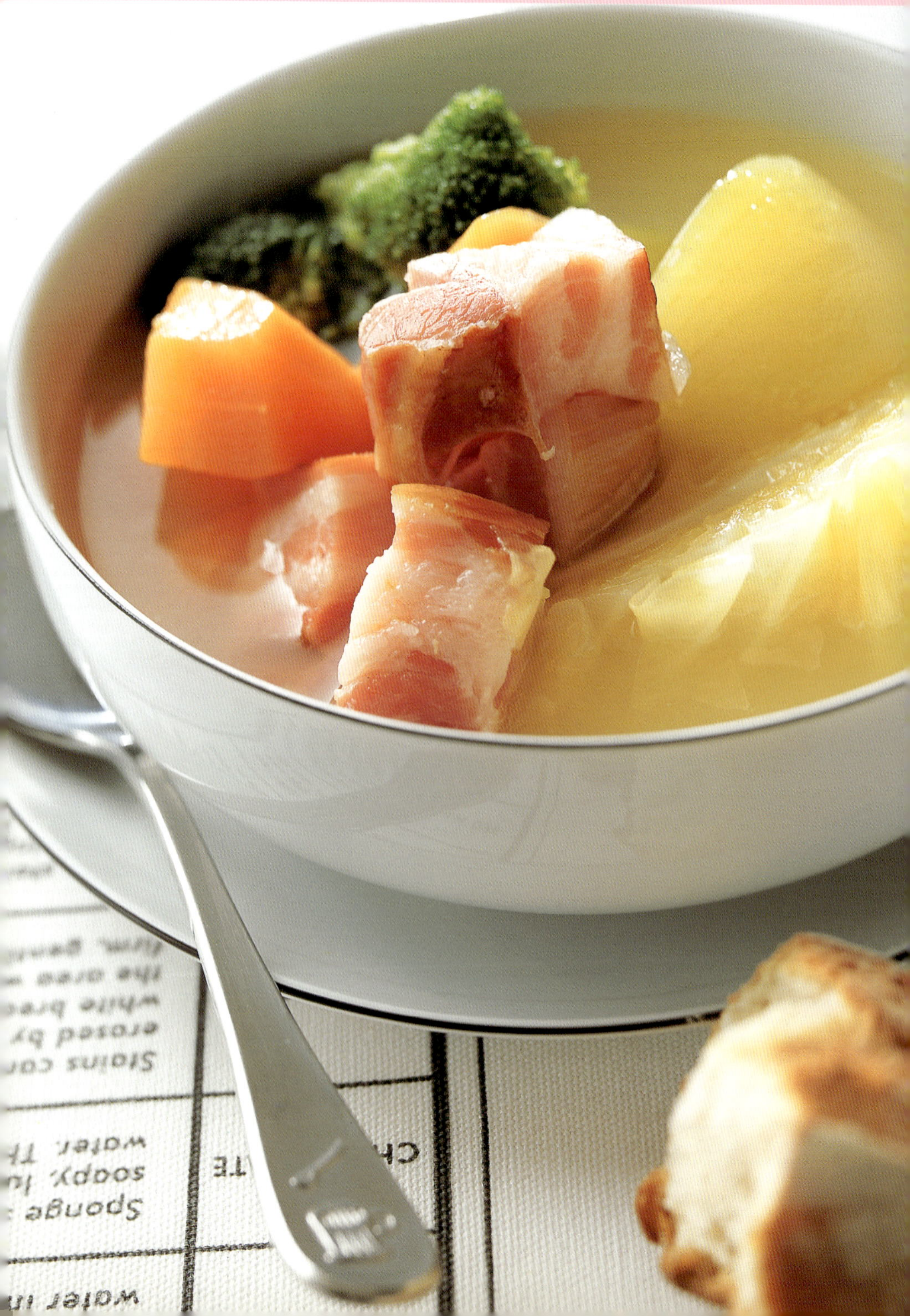

ポトフ風酢ープ

あったかポトフにお酢を加えてさっぱりと…。具だくさんで、ボリュームも充分です。

材料（4人分）

厚切りベーコン　200g
にんじん　1本
キャベツ　小 1/2個
玉ねぎ　1個
ブロッコリー　1/2株
A ┌ スープ　6カップ
　 └ ローリエ　1枚
B ┌ 塩・こしょう　各少々
　 └ ワインビネガー　大さじ2

作り方

① ベーコンは2cm幅に切る。
② にんじんは乱切り、キャベツは芯をつけたまま大きめのくし形に切る。玉ねぎも芯をつけたまま6つ割りにする（写真）。
③ ブロッコリーは小房に分けて下ゆでし、冷水に取ってざるにあげる。
④ 鍋にAを入れて煮立て、①とにんじんを加えて煮る。にんじんにほぼ火が通ったところで、②の残りを加えて、時々アクを取りながら約7分煮込む。
⑤ ④に③を加えて、ひと煮立ちしたらBを加えて味をととのえ、器に盛る。

サンラータン

酢は色を変えるので、調味してからニラなどの青物を入れます。
できあがったら、早めにいただきましょう。

材　料（4人分）

木綿豆腐‥‥1/2丁
ゆでたけのこ‥‥70g
長ねぎ‥‥3cm長さ
春雨‥‥40g
ニラ‥‥1/2束
椎茸‥‥3枚
卵‥‥2個
ガラスープ
　（水4カップ・ガラスープの素 小さじ2）
　　　　　　　　　　　‥‥4カップ
油‥‥大さじ1
A ┌ しょうゆ‥‥大さじ1 1/2
　├ 酢‥‥大さじ1
　└ 塩・こしょう‥‥各少々

作り方

① 豆腐は1cm幅3cm長さの棒状に切り、たけのこは穂先を薄切り、長ねぎはせん切りにする。春雨は湯でもどし、ざく切りにし、ニラは3cmに切る。椎茸は石づきを取り、薄切りにする。

② 油で長ねぎを炒め、スープを入れ沸騰したら、木綿豆腐、たけのこ、春雨、椎茸を入れ、Aで調味する（写真）。

③ とき卵を回し入れ、ニラを加え、火を止める。

特別な日の献立③ **敬老の日**

おじいちゃん、おば
␣␣␣ が楽しんで食べる食

ゃんと一緒の食卓は、子どもたちにとって大事な時間。家族みん
は、心にも栄養を与えてくれます。

レンジたたき

牛肉のたたきは電子レンジだとあっという間に作れます。たれには必ず玉ねぎを入れましょう。

材　料（4人分）

牛肉たたき用‥‥300g
塩‥‥小さじ1/4
A ┌ しょうゆ‥‥大さじ2
　├ 酢‥‥大さじ2
　├ みりん‥‥大さじ2
　└ 玉ねぎすりおろし‥‥1/2個分
塩蔵ワカメ‥‥30g
青じそ‥‥10枚

作り方

① 牛肉に塩をこすりつける（写真a）。耐熱皿に入れラップをし、電子レンジ強で3分30秒かける。
② ボールにAを合わせ、牛肉をすぐに入れ漬け込む（写真b）。時々からめながら20分漬け込む。
③ ワカメは塩を洗い、もどして食べやすく切る。
④ ②をスライスして、皿に青じそ、ワカメと盛り付け、漬けたれをかける。

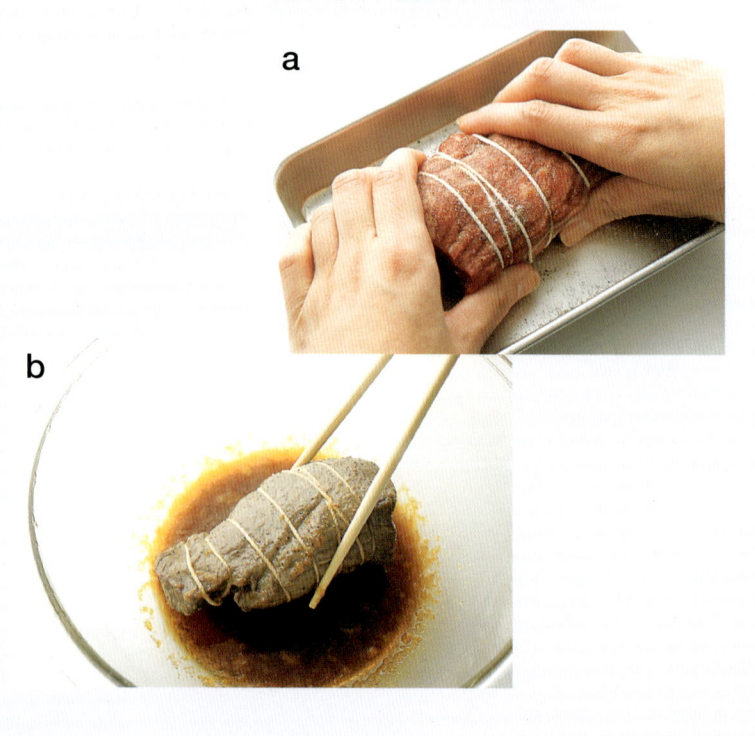

フルーツサラダ

甘納豆と栗を入れたヨーグルト味のフルーツサラダ。フルーツは和えると水気が出てくるので、食べる直前に和えましょう。

材　料（4人分）

オレンジ‥‥1個
キウイフルーツ‥‥1個
バナナ‥‥1本
栗の甘露煮‥‥4個
甘納豆‥‥30g
プレーンヨーグルト‥‥1/2カップ
A ┌ ハチミツ‥‥大さじ2
　 └ 酢‥‥大さじ3

作り方

① 耐熱ボールにAを入れ、電子レンジ強で2分加熱し、粗熱がとれたらヨーグルトを入れる（写真）。
② オレンジ、キウイフルーツ、バナナは食べやすい大きさに切り、栗の甘露煮は汁気を切っておく。
③ ①に②を和え、器に盛り甘納豆を飾る。

好き嫌いも吹っ飛ぶサラダ＆マリネ

あれは嫌い、これはダメ…子どもの好き嫌いはいつだってお母さんの悩み
と組み合わせたり、ドレッシングに凝ってみたり…。お酢を上手に活用

種。そこでワンアイディア。ソーセージやポークソテーなど好きなもの、嫌いなものを克服させてあげましょう。

アスパラ・レンコン・かぼちゃの揚げマリネ

揚げることで野菜の甘みが出て、マリネ液の酸味と良く合います。ほかに、さつまいもやなす、ごぼうなどもOK。彩りの良い取り合わせにしましょう。

材料（4人分）

グリーンアスパラガス‥‥4本
レンコン‥‥100g
かぼちゃ‥‥150g
A ┌ だし‥‥大さじ1
　 │ 酢‥‥大さじ2
　 │ しょうゆ‥‥大さじ1 1/2
　 └ サラダ油‥‥大さじ1
揚げ油‥‥適量

作り方

① アスパラは半分から下の皮をピーラーでむき、5cm長さで斜めに切る。レンコンは皮をむき7mm幅の半月に切り、水にさらしておく。かぼちゃは所々皮をむき、7mm厚さのくし形に切る。
② サラダ油以外のAを耐熱ボールに入れ、電子レンジ強に2分かけてから、サラダ油を入れる。
③ ①の野菜は水気をとり、アスパラ、レンコン、かぼちゃの順に170℃の揚げ油で揚げ、③のマリネ液に浸す（写真）。からめて粗熱がとれたらいただく。

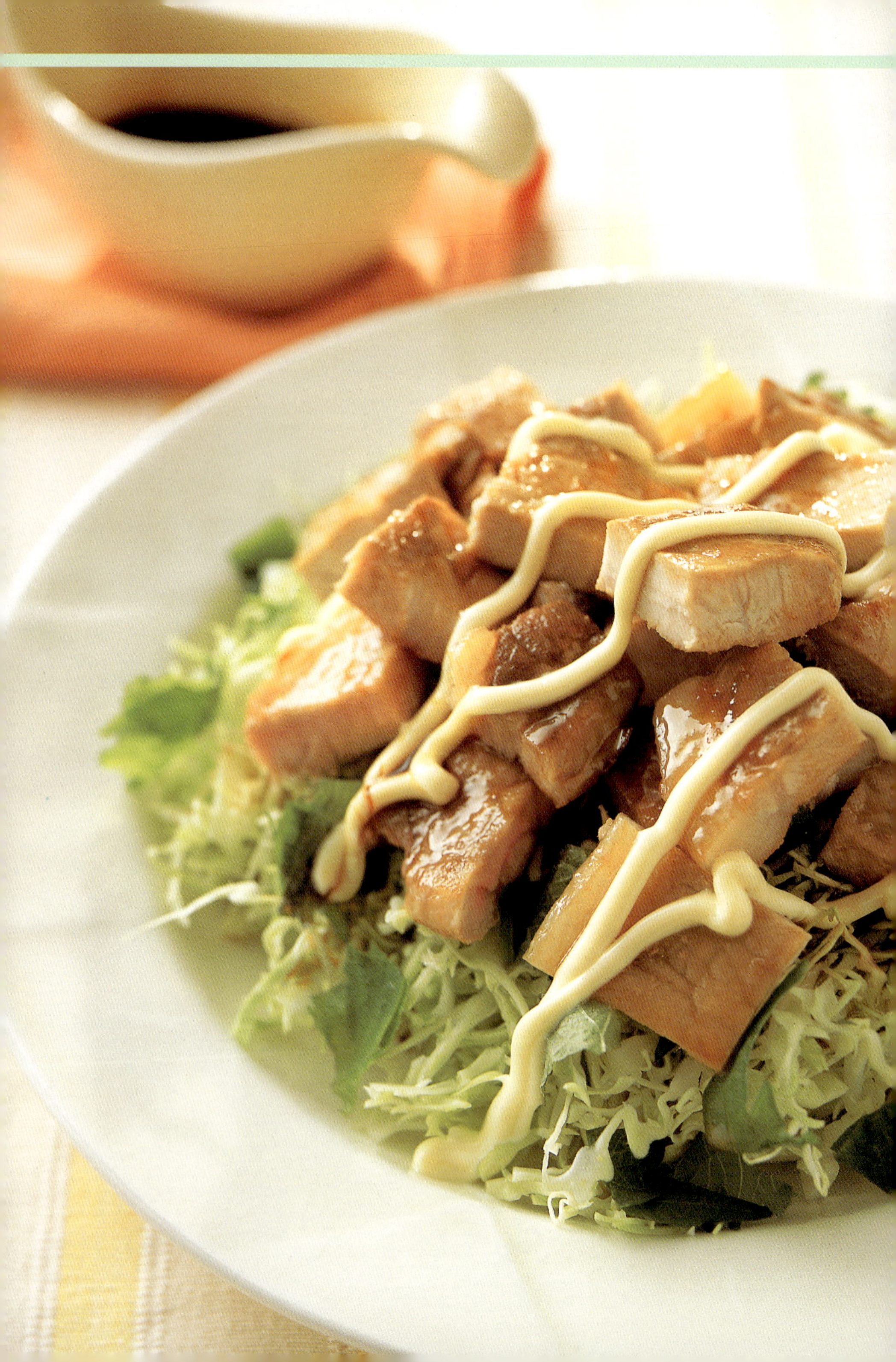

ポークソテー キャベツのサラダ

懐かしい味がするポークソテーのサラダ。キャベツをたっぷり盛るとバランスも良くなります。ぜひマヨネーズをかけて…。

材　料（4人分）

豚ロース肉‥‥3枚
塩・こしょう‥‥各少々
サラダ油‥‥大さじ1
キャベツ‥‥4枚
青じそ‥‥3枚
A ┌ しょうゆ‥‥大さじ2
　├ 酢‥‥大さじ4
　├ ハチミツ‥‥大さじ2
　└ 水‥‥大さじ1
マヨネーズ‥‥適宜

作り方

① 豚ロース肉は筋を切り、塩・こしょうをする。フライパンにサラダ油を入れ、中火で両面ソテーする。酢を加え（写真）強火で酸味をとばしてから、しょうゆ、ハチミツ、水を加えてからめ、火を止める。
② キャベツはせん切りにして水に放しパリッとさせ、青じそは5mm角に切り、器に盛る。
③ ①をサイコロ状に切り、②の上にのせ、マヨネーズをかける。

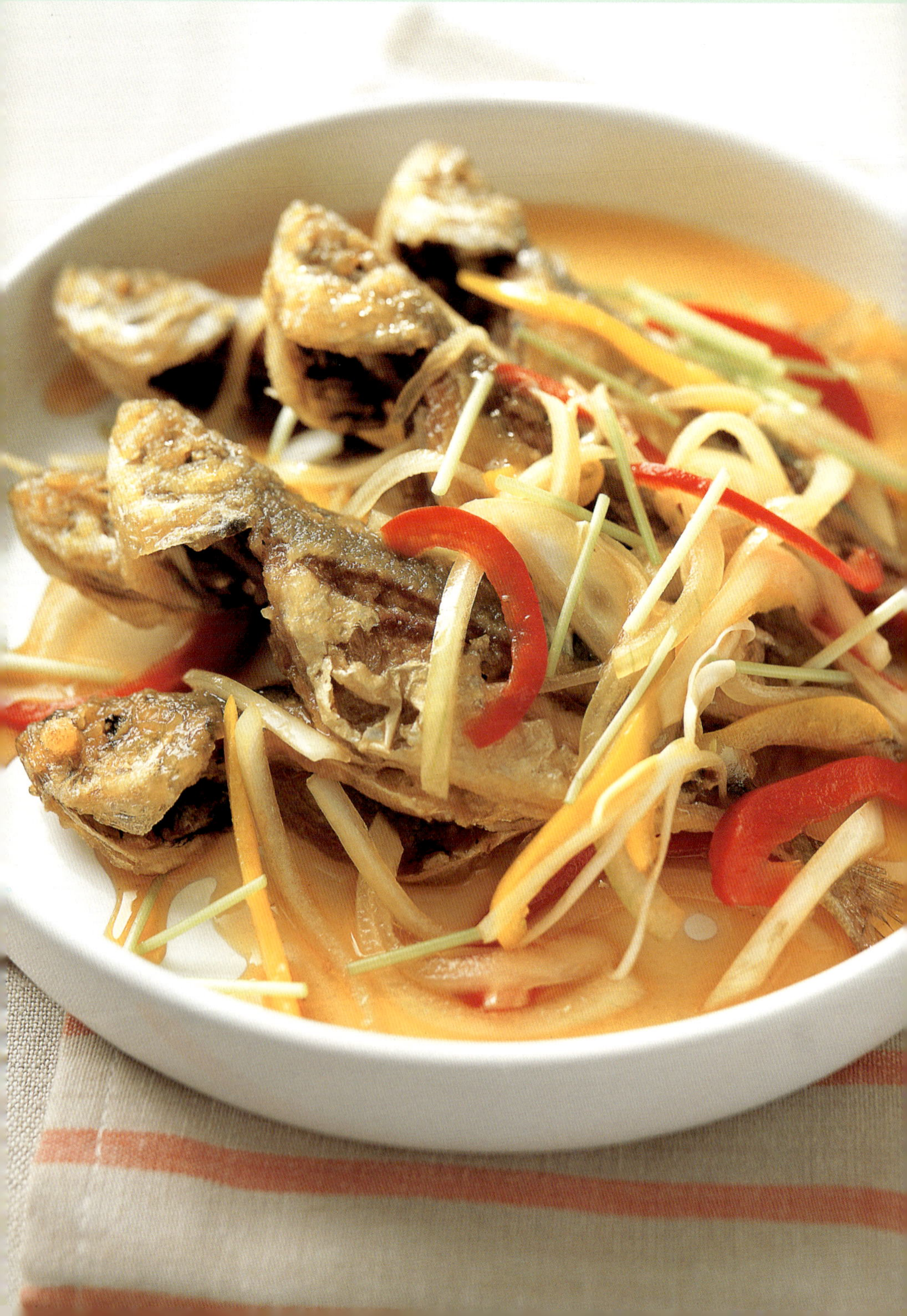

アジの南蛮漬け

アジは骨まで食べられるようにカラリと揚げます。南蛮酢はだしでやさしい味にし、大人用には赤唐辛子を入れましょう。冷蔵庫で30分位休ませると、やわらかくなってさらに食べやすくなります。

材　料（4人分）

- 小アジ‥‥14尾
- 玉ねぎ‥‥1/2個
- カラーピーマン（赤・黄）‥‥各1/4個
- 三つ葉‥‥1/3把
- A ┌ 薄口しょうゆ‥‥大さじ3
　　├ 酢‥‥大さじ4
　　└ だし‥‥大さじ3
- 塩・こしょう‥‥各少々
- 片栗粉‥‥適量
- 揚げ油‥‥適量

作り方

① 小アジは手でえらと内臓を取り、洗って水気を拭いておく。
② 玉ねぎは繊維に沿って薄切りにし、カラーピーマンは種を取り、せん切りにする。
③ Aを耐熱ボールに合わせ入れ、電子レンジ強で2分かけ、バットにあける。
④ アジは中骨に沿って切れ目を入れ、塩・こしょうをし片栗粉を全体につける。余分な粉をはらい、170℃の油で7〜8分揚げる。揚げたそばから③のバットに入れ、野菜も入れて漬けておく。
⑤ 器に盛り、3cmに切った三つ葉の軸を散らす。

お酢を使うと効率よくカルシウムを補給できます。

　お酢には素材に含まれるカルシウムを引き出すチカラがあります。たとえば、肉や魚をお酢で調理すると、お酢のはたらきで骨の中のカルシウムが肉や魚、煮汁に溶け出すので、よりたくさんのカルシウムを摂ることができます。素材に含まれるカルシウムを丸ごとすべていただける、というわけです。
　また、お酢には体内でカルシウムの吸収を促進するはたらきもあります。

エバミルクドレッシン

エバミルク入りのクリーミーな新感覚ドレッシングを、カラフルな野菜たちにたっぷりかけていただきましょう。

グのサラダ

材　料（4人分）

- サニーレタス‥‥4枚
- レタス‥‥8枚
- トレビス‥‥4枚
- カリフラワー‥‥1/2株
- ピーマン‥‥2個
- うずらの卵（缶詰）‥‥8個
- A ┌ エバミルク‥‥大さじ2
- 　 │ 酢‥‥大さじ2
- 　 │ 塩・こしょう‥‥各少々
- 　 └ サラダ油‥‥1/2カップ

作り方

① サニーレタス、レタス、トレビスは水に放ってパリッとさせてから、手でちぎり水気を切る。

② カリフラワーは小房に分けてゆでておく。ピーマンは輪切りにする。うずらの卵は半分に切る。

③ サラダ油以外のAの材料をよく混ぜ、サラダ油は少しずつ加えて混ぜながらドレッシングを作る（写真）。

④ ①、②を彩り良く器に盛り、③をかける。

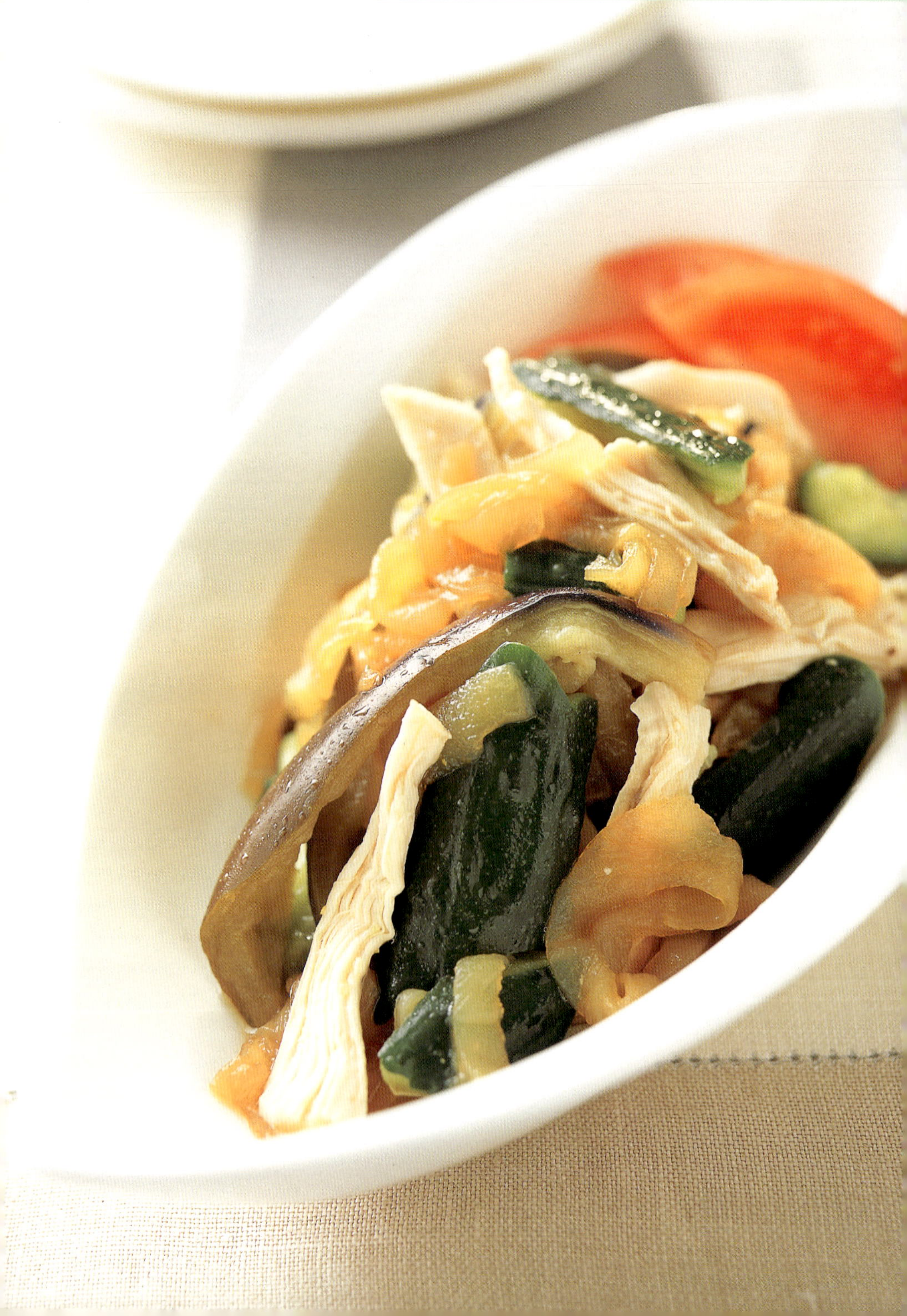

中華風おかずサラダ

中華前菜のサラダは子どもたちの好物メニューのひとつ。
色々な素材を入れて、彩りや食感を楽しみましょう。

材料（4人分）

- 鶏胸肉‥‥1枚
- 塩・こしょう‥‥各少々
- 酒‥‥大さじ1
- くらげ‥‥100g
- なす‥‥1本
- きゅうり‥‥2本
- 塩‥‥少々
- トマト‥‥1/2個

A
- しょうゆ‥‥大さじ2
- 酢‥‥大さじ3
- 砂糖‥‥大さじ1/2
- 中華スープ‥‥大さじ2
- 辛子‥‥小さじ1/2
- ごま油‥‥大さじ2

作り方

① 鶏胸肉は塩・こしょうをし、酒をふって耐熱容器に入れラップをし、電子レンジ強に2分かける。肉を返してさらに2分加熱する。
② ①の皮と身を別にし、皮はせん切りに、身は手で細く裂く。
③ ボールにくらげを入れ水に2時間浸し、手でもんで臭みをとる（写真a）。さらに50℃の湯にサッとつけ歯触りを良くする。水気を軽く切り、ざく切りにする。
④ なすはへたを切って竹串で数か所穴をあけ、ラップに包んで電子レンジ強で1分30秒かけ、水にとり冷めたら軽く水気を絞り、竹串を使って細く裂く。
⑤ きゅうりは塩をふって板ずりし、麺棒で叩いておく（写真b）。
⑥ 辛子、ごま油以外のAを耐熱ボールに入れ、電子レンジ強で2分加熱する。辛子、ごま油を加え粗熱をとっておく。
⑦ ⑥のドレッシングに①～⑤を入れ和える。
⑧ 器に盛り、薄切りにしたトマトを添える。

a

b

りんご酢サラダ

さわやかな香りが特長のりんご酢にオレンジ果汁を加えて、よりフルーティーなドレッシングに…。

材 料（4人分）

- りんご‥‥1個
- キャベツ‥‥1/4個
- 鶏ささ身肉‥‥2本
- コーン（ホール缶）‥‥大さじ2
- レーズン‥‥大さじ1
- A ┌ りんご酢‥‥大さじ4
  │ ハチミツ‥‥大さじ2
  └ オレンジの絞り汁‥‥大さじ2

作り方

① りんごは5mm角に、キャベツはせん切りにする。
② 鶏ささ身肉はゆでて、冷めたら手で細く裂く。
③ ①、②、コーン、レーズンを混ぜ、合わせたAで和え、器に盛る。

ソーセージとマッシュルームのマリネ

ソーセージがマリネ仕立てになって、野菜もパクパク食べられます。

材料（4人分）

- 荒びきソーセージ‥‥6本
- マッシュルーム‥‥8個
- 玉ねぎ‥‥1/4個
- サラダ油‥‥大さじ1
- 白ワイン‥‥大さじ2
- 塩・こしょう‥‥各少々
- トマト‥‥1個
- グリーンピース（冷凍）‥‥大さじ2
- A
  - サラダ油‥‥大さじ4
  - ワインビネガー‥‥大さじ2
  - レモン汁‥‥大さじ1
  - 塩‥‥小さじ1/2
  - こしょう‥‥少々

作り方

① ソーセージは1本を2〜3等分の斜め切りにし、マッシュルームは石づきを落として半分に切る。

② 玉ねぎはみじん切りにする。

③ フライパンにサラダ油を熱し、②を炒め、しんなりしたら①も加えてサッと炒め、白ワインをふりかける。塩・こしょうで味をととのえ、冷ましておく。

④ トマトは湯むきして種を除き、1cm角に切る。

⑤ ボールにAの材料を合わせ、③、④も加えて混ぜ、器に盛り、サッとゆでたグリーンピースを散らす。

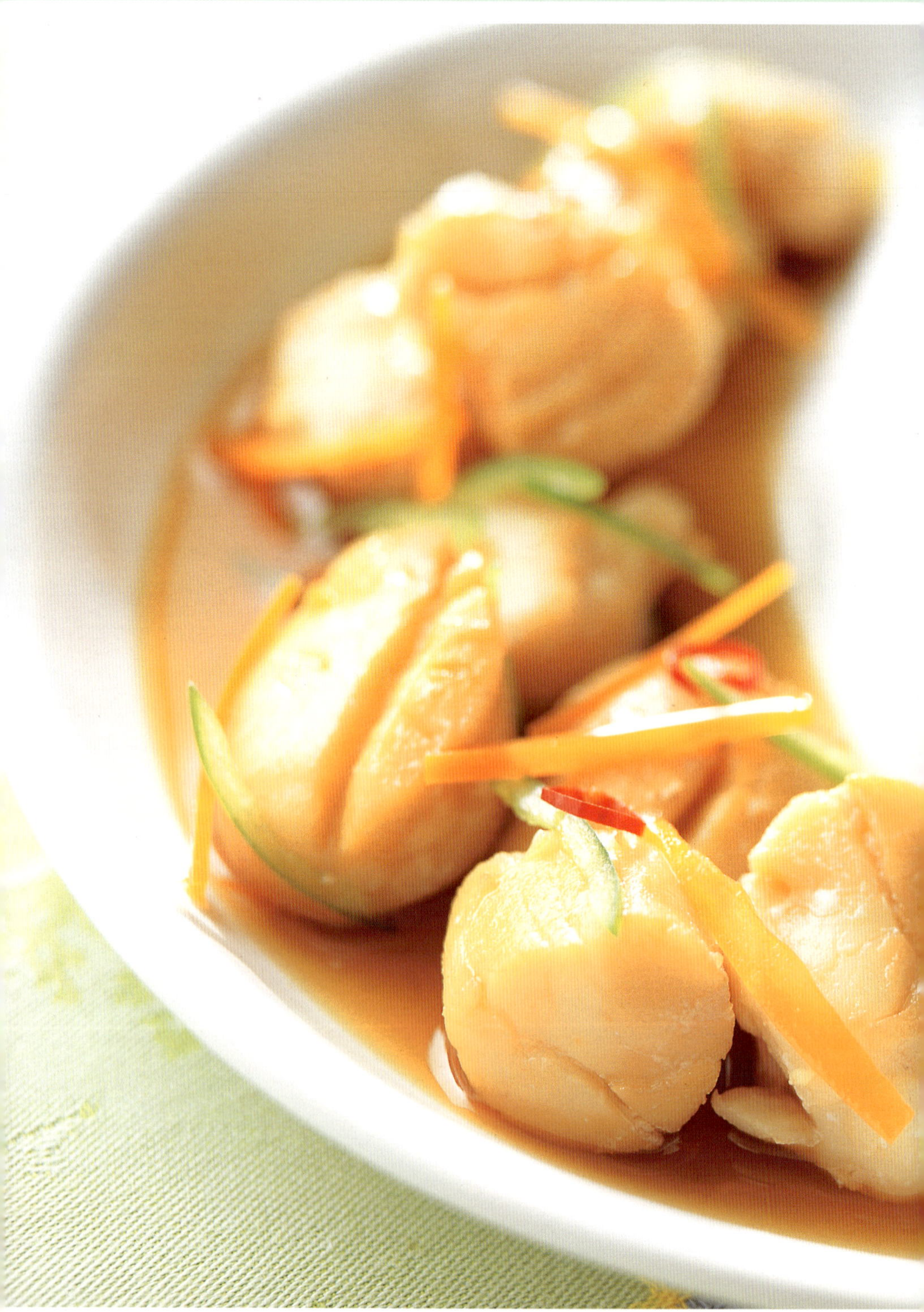

焼き帆立の南蛮漬け

帆立の香りと酸味、ピリ辛の味付けが見事にマッチして、食欲を旺盛にしてくれます。

材　料（4人分）
帆立（大きいもの）‥‥8粒
塩・こしょう‥‥各少々
パプリカ（オレンジ）‥‥1/4個
ピーマン‥‥1/4個
A ┌ 酢‥‥1/4カップ
　├ しょうゆ‥‥小さじ2
　├ 砂糖‥‥小さじ1
　└ 赤唐辛子（小口切り）‥‥1/2本分

作り方

① 熱したフライパンで帆立を焼き（写真）、塩・こしょうする。
② パプリカ、ピーマンはせん切りにする。
③ 合わせたAに①、②を加えて、30分程漬け込み、器に盛る。

わかさぎのマリネ

カラッと揚げたわかさぎを、しっかり漬け込み、まるごとパクリ！

材　料（4人分）

- わかさぎ‥‥12尾
- 塩・こしょう‥‥各少々
- 小麦粉‥‥適宜
- 揚げ油‥‥適宜
- 小玉ねぎ‥‥2個
- にんじん‥‥1/4本
- パセリ‥‥1枝
- A ┬ サラダ油‥‥1カップ
  ├ ワインビネガー‥‥大さじ6
  ├ 塩‥‥小さじ1
  └ こしょう‥‥少々

作り方

① わかさぎは塩・こしょうして小麦粉を薄くまぶし、約170℃の油でカラッと揚げる。

② 小玉ねぎは薄い輪切りにし、にんじんとパセリはみじん切りにする。

③ ①をバットに並べ、Aと②を混ぜ合わせたマリネ液をかけ、約30分置き、器に盛る。

大根とハムのマリネ

大根をハムで巻くとハムの塩味と大根の歯触りが良く合って格別です。漬け込んだ直後よりも1日置いた方がよりおいしくなります。

材　料（4人分）

大根‥‥10cm長さ
ハム‥‥6枚
三つ葉‥‥6本
A ┌ 酢‥‥大さじ1
　 │ サラダ油‥‥大さじ2
　 │ レモン汁‥‥小さじ1
　 └ 塩‥‥小さじ1/4

作り方

① 大根は1.2cm角、10cm長さの棒状に切り、ハムで巻いてゆでた三つ葉で縛る。
② Aを合わせておき、①をつけてマリネする。冷蔵庫に入れ30分味をなじませる。

特別な日の献立④ **お 正 月**

新しい年を新感覚の
なら、みんな大満足で

ち料理で迎えてみましょう。こんな可愛くて食べやすいメニュー
。きちんとお重に詰めても、もちろんOK。

手まり寿司

ラップでくるんで真ん丸に仕上げたお寿司は、きれいに盛り付けて、上品にいただきましょう。

材 料（4人分）
スモークサーモン‥‥4枚
白身魚薄切り‥‥8枚
木の芽‥‥8枚
米‥‥1 1/2合
すし酢‥‥大さじ3

作り方
① 米は炊く30分前に洗ってざるにあげておく。
② 炊飯器で米を少し固めに炊き、すし酢をかけて混ぜ合わせ、すし飯を作る。
③ 小さいカップにラップを敷き、スモークサーモンを入れ、その上にすし飯をのせてラップでくるむようにして丸く形を作る（写真）。白身魚はラップの上に木の芽を置いてからのせ、後は同様にする。
④ ラップをはずして器に盛る。

変わりなます

すりおろしたりんごの風味でさっぱり仕上げます。すべての材料を同じ大きさに切りそろえ、食べやすくしましょう。

材料（4人分）
- にんじん‥‥1/2本
- きゅうり‥‥1本
- 大根‥‥5cm
- かまぼこ‥‥1/2本
- A
  - サラダ油‥‥1/2カップ
  - 酢‥‥大さじ2
  - 塩・こしょう‥‥各少々
  - りんごのすりおろし‥‥1/2個分

作り方
① にんじんは5mm角に切り、サッとゆでておく。
② きゅうり、大根、かまぼこもそれぞれ5mm角に切る。
③ ボールに①、②を入れ、合わせたAのりんごドレッシングを加えて混ぜ合わせ、約15分置いて器に盛る。

シュワシュワお酢ゼリー

口に入れると、ソーダがシュワシュワさっぱり！後引くおいしさの金色ゼリーです。

材料（4人分）
- りんご酢‥‥大さじ3
- ゼラチン‥‥5g
- 水‥‥大さじ2
- ハチミツ‥‥大さじ1
- 砂糖‥‥小さじ2
- ソーダ‥‥220cc
- 金箔‥‥適宜

作り方
① 耐熱ボールにゼラチン、水、ハチミツ、砂糖を入れ、レンジで1分加熱して溶かし、粗熱をとる。
② ①にりんご酢とソーダを加え、泡立てる。
③ ②を器に流し込み、冷蔵庫で冷やし固め、金箔を散らす。

さっぱり、ヘルシーデザート

毎日のおやつも、できるだけお母さんの手づくりで…。ちょっと酸味が効いたさわやかなデザートだから、お母さんたちのティータイムにも喜ばれます。

マンゴーのサワームース

材料を合わせてミキサーにかけるだけなので、子どもにも作れます。驚くほどラクチンで、嬉しくなるくらいおいしいエキゾチックテイストのデザート。とろりとしたやさしい舌触りも人気のまとになることうけ合いです。

材　料（4人分）
マンゴー（缶詰）‥‥200g
牛乳‥‥1カップ
りんご酢‥‥大さじ2
ミントの葉‥‥適宜

作り方
① マンゴー、牛乳、りんご酢をミキサーに入れて撹拌し、器に盛ってミントの葉を飾る。

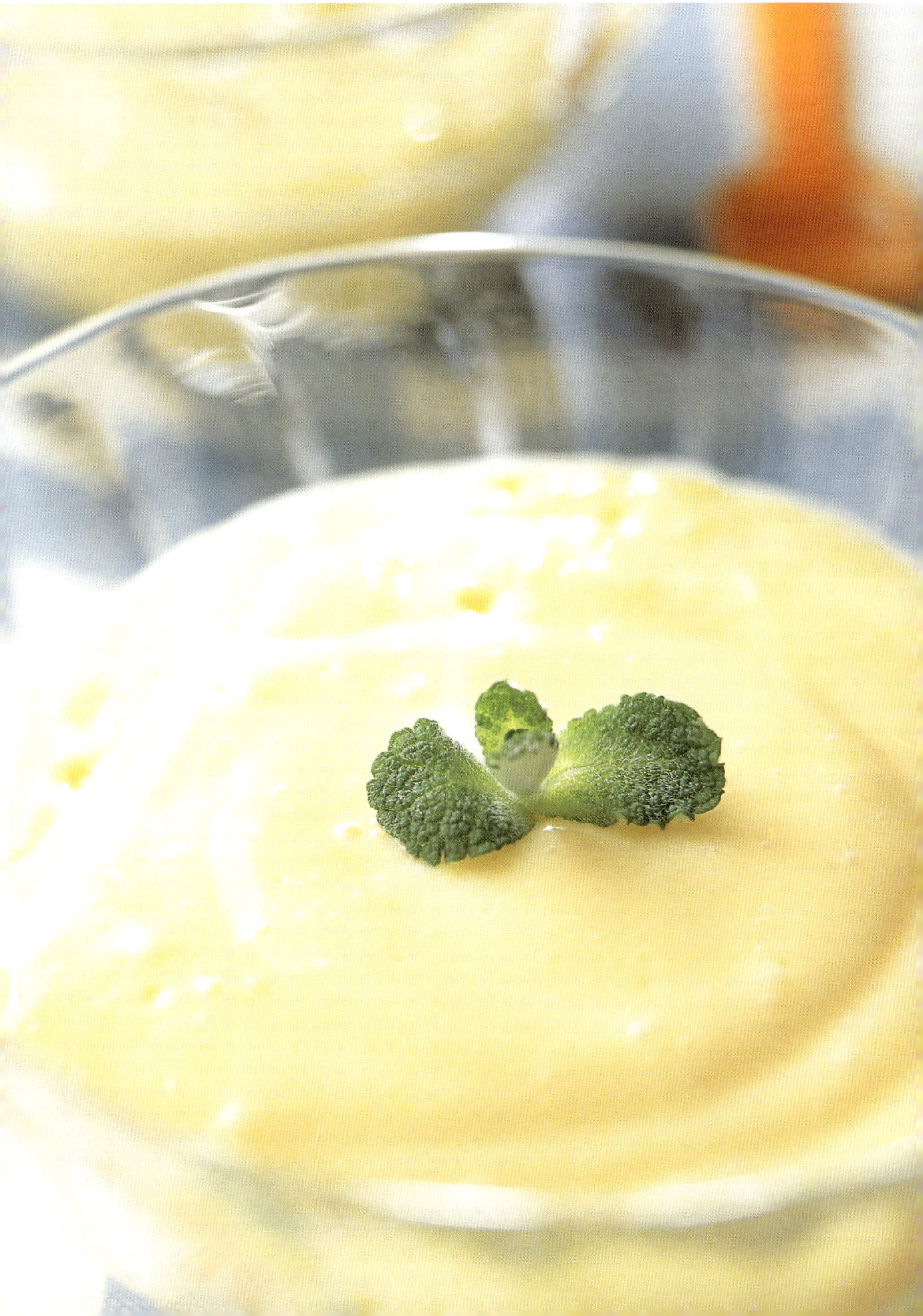

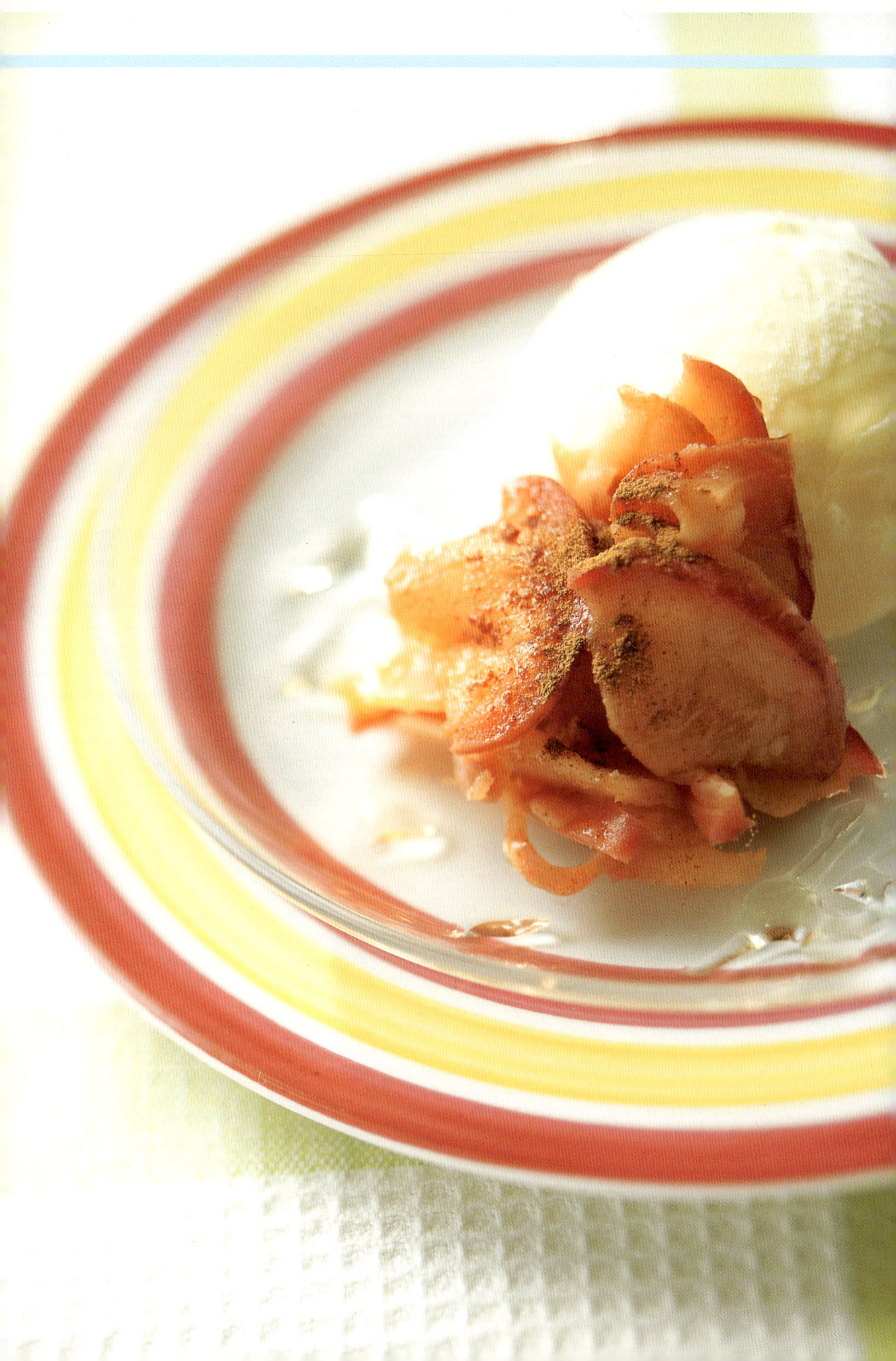

シナモンアップルサワー風味

中火でじっくり炒めて、さわやかなデザートにしましょう。
アイスクリームと良く合います。

材　料（4人分）
りんご（紅玉）‥‥2個
バター（無塩）‥‥20g
レモン汁‥‥大さじ1
酢‥‥大さじ1/2
シナモンシュガー‥‥大さじ1
シナモンパウダー‥‥適宜
バニラアイス‥‥適宜
ハチミツ‥‥適宜

作り方
① りんごは4等分して芯を取り、薄切りにして（写真a）塩水に放って水気を切る。
② フライパンにバターを熱し、①を加えて中火できつね色になるまで炒め、レモン汁、酢、シナモンシュガーを加えて（写真b）からめる。
③ 器にバニラアイスと②を盛り、シナモンパウダーをふりハチミツをかける。

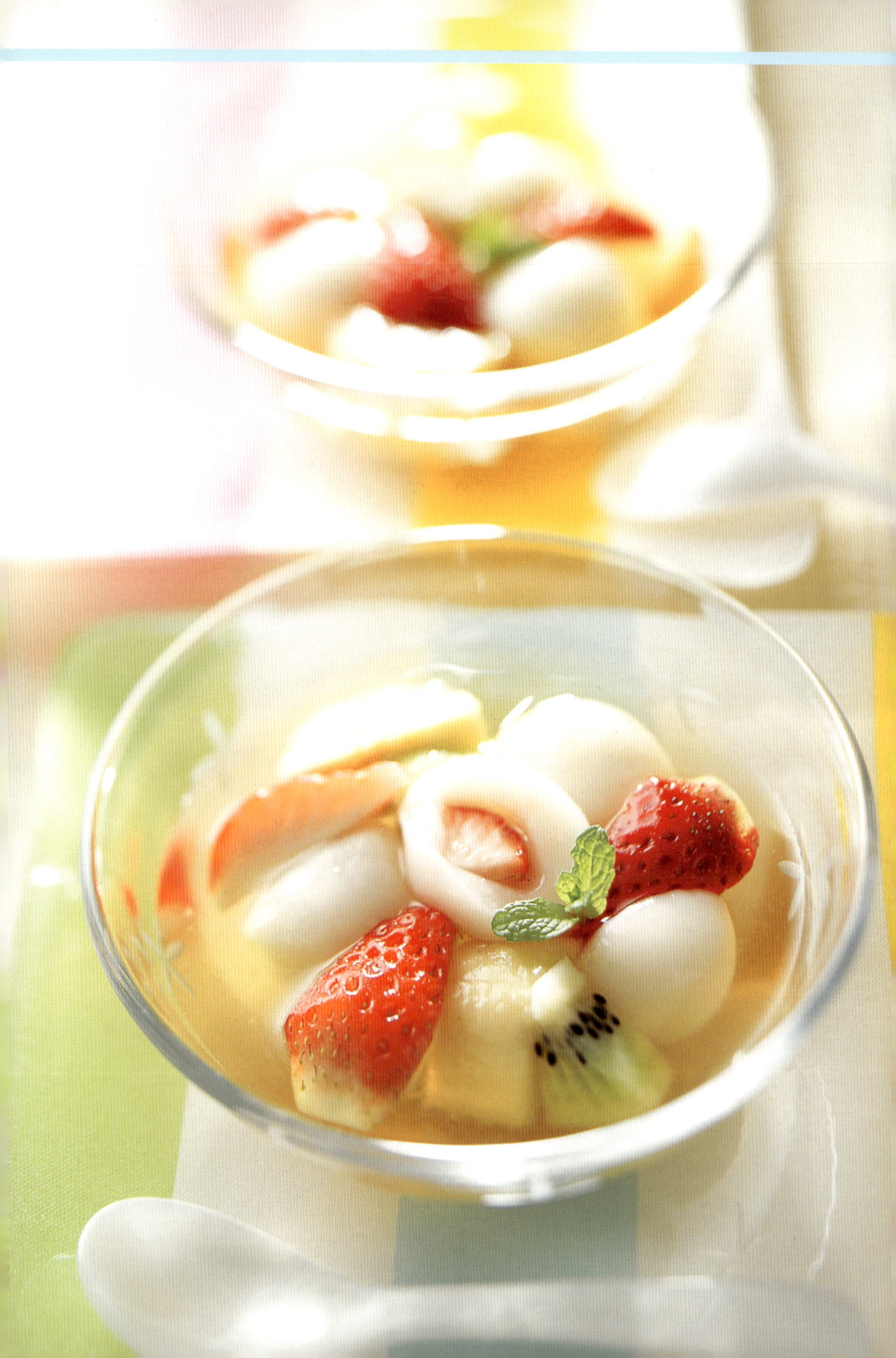

フルーツ白玉
玄米酢シロップ漬け

白玉の中にフルーツを入れたアイディアデザート。何が出てくるかは食べてからのお楽しみ！

材　料（4人分）

白玉粉‥‥1/2カップ
水‥‥1/2カップ
A ┌ バナナ‥‥1本
　 │ いちご‥‥10粒
　 └ キウイフルーツ‥‥1個
B ┌ 砂糖‥‥大さじ3
　 └ 水‥‥1カップ
玄米酢‥‥大さじ3
ミントの葉‥‥適宜

作り方

① 白玉粉は水を少しずつ加えて混ぜ、耳たぶ位の固さにまとめる。
② Aのうち、バナナ1/3本、いちご2粒、キウイフルーツ1/4個は1cm角位に切り、①でくるんで一口大の団子に丸めて（写真）熱湯でゆで、冷水に取って水気を切る。
③ Aの残りは食べやすく切り、②と一緒に器に盛る。
④ 鍋にBを煮立ててシロップを作り、冷やしてから玄米酢を加えて混ぜる。③にかけてミントの葉を飾る。

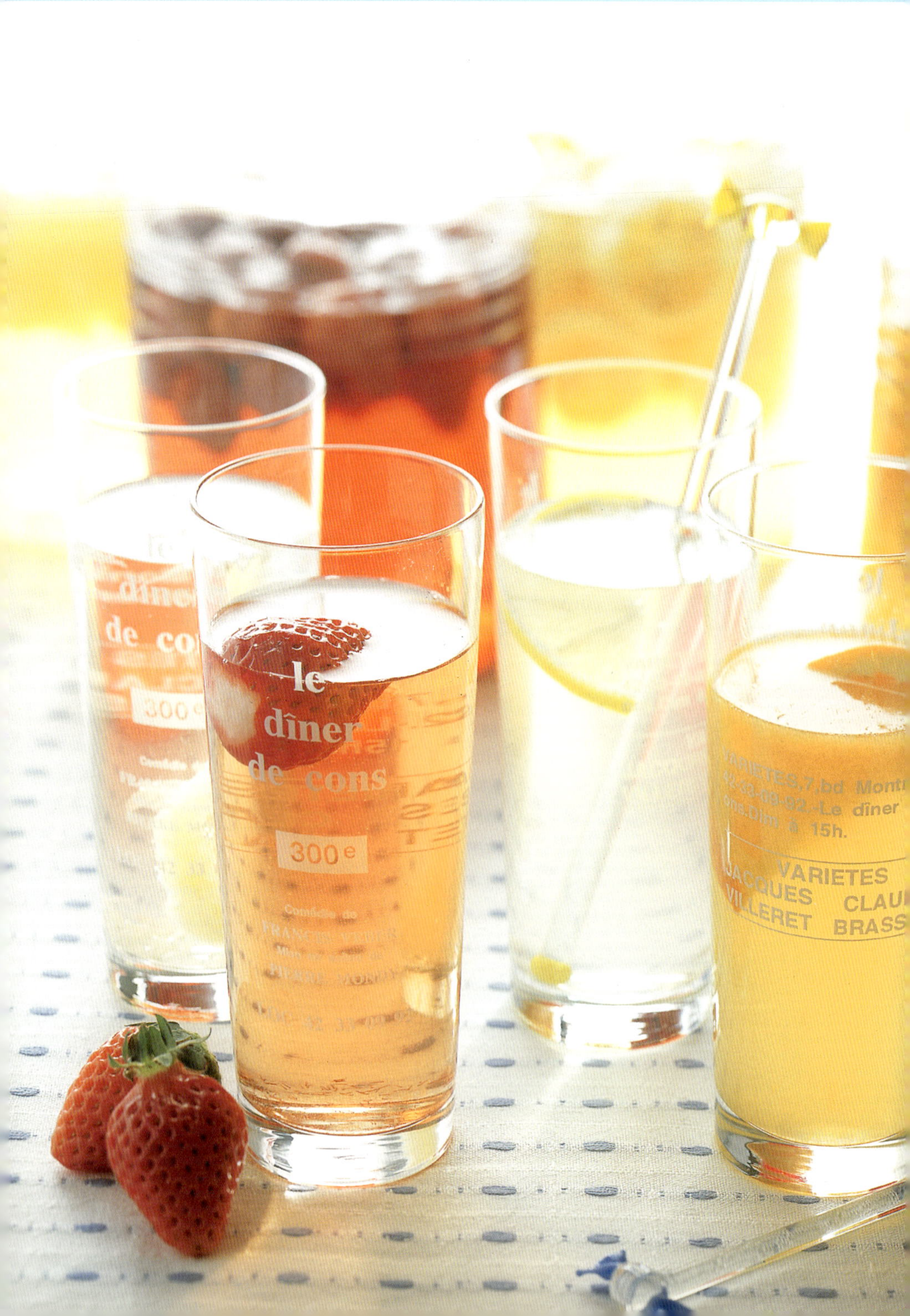

サワードリンク

果物と酢で作るサワードリンクは疲れた体をリフレッシュ。疲労回復に抜群の効果を発揮します。色々な果物で試してみましょう。

材　料（4人分）

果物（皮をむいた状態で）‥‥500g
氷砂糖‥‥500g
酢‥‥500ml

作り方

① 広口ビンに果実、氷砂糖、酢の順に入れる。涼しい所に置き、1日1回軽く混ぜる。
② 1週間経ったら、果実を除いて、冷たい水や炭酸水などで5〜6倍に薄めていただく。

いちご……へたをとって丸ごと使う。
オレンジ…皮をむいて輪切りにする。
ぶどう……よく洗って水切りし、房から実を取り外す。大粒のものはつまようじなどで穴をあける。
青梅………丸ごと漬け込み、1カ月置いておく。

ミルクバーモント

サワードリンクの牛乳割りは、ヨーグルト風味のおいしさ。
おやつタイムの必需品です。

＜編集協力＞

お酢はどんな食材にもよく合い、食卓をバランスよく豊かにしてくれる調味料です。
お酢は思ったほどむずかしい調味料ではありません。少し工夫すれば、子どもの苦手な食べ物もおいしく大好きなメニューに変わります。
お酢は子どものココロとカラダを豊かにしてくれる調味料です。

株式会社ミツカン
http://www.mitsukan.co.jp/sapari

著者紹介

藤野　嘉子（ふじの　よしこ）

学習院女子高等科卒業後、香川栄養学校で製菓・製パンを学ぶ。専門家に師事し家庭料理や懐石料理の本格的な指導を受け、結婚後独立。現在はテレビや雑誌等で現代のライフスタイルに合わせた料理の提案を行なっている。著書は「低カロリーの簡単和食」「サラダで元気！」（講談社）など多数。

赤堀　博美（あかほり　ひろみ）

日本女子大学・大学院家政学研究科食物栄養学専攻修了。同大学家政学部食物学科で講師を勤めながら、フードコーディネーターとしてテレビ番組やCM、食品メーカーのメニュー開発を数多く担当。さらに、赤堀料理学園、赤堀フードコーディネータースクール副校長、管理栄養士として講習会やテレビ番組などで栄養指導を行なっている。著書は「紅茶の味のお菓子」「しっとりシフォンケーキ」（世界文化社）、「赤堀流3分アイディア健康料理」（ブックマン社）などがある。

編　集　協　力　　株式会社ミツカン
装丁／デザイン　　㈲オフィス・カン／前田　寛
撮　　　　　影　　対馬　一次
スタイリング　　　吉岡　彰子

―お母さん応援レシピ―
子どもが喜ぶお酢すめ料理

2001年5月25日　　　第1刷発行
2004年7月20日　　　第2刷発行

著　者　　藤野　嘉子・赤堀　博美
発行者　　三浦　信夫
発行所　　株式会社　素朴社
　　　　　〒150-0002　東京都渋谷区渋谷1-20-24
　　　　　電話：03(3407)9688　　FAX：03(3409)1286
　　　　　振替　00150-2-52889
印刷・製本　壮光舎印刷株式会社

Ⓒ 2001 Yoshiko Fujino/Hiromi Akahori．Printed in Japan

乱丁・落丁本は、お手数ですが小社宛お送り下さい。送料小社負担にてお取替え致します。
ISBN 4-915513-58-0　C2377
価格はカバーに表示してあります。

素朴社の本

あぐり流 夫婦関係 親子関係
しなやかに生きて96歳

吉行あぐり　四六判上製、定価：本体1,400円＋税

　15歳で結婚した夫・エイスケさんは遊び人。そのエイスケさんは、あぐり33歳のとき、3人の子どもを残して急逝してしまう。そして子連れ同士での再婚……。
　二人の芥川賞作家と一人の女優を育て、96歳の今も現役美容師として活躍するあぐりさんの、ほど良い家族関係とは!?

女性たちの圧倒的支持を受けている「女性専用外来」と頼れる各科の女性医師たちを紹介。

女性のための安心医療ガイド

医学博士　天野恵子　監修
A5判／定価：本体1,400円＋税

女性のクオリティ・オブ・ライフを考慮に入れた医療に積極的な施設や新しい女性医療を目指す病院・女性医師を紹介する好評のガイド・ブック。

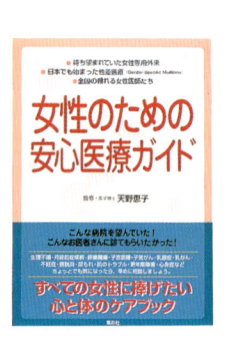

ドクター・オボの こころの体操
あなたは自分が好きですか

オボクリニック院長　於保哲外　四六判上製／定価：本体1,500円＋税

　対人関係や社会との関わりは、自分自身をどう見るか、自分をどこまで評価できるかという「自分関係」で決まると著者は語る。
　「人間を診る」医療を心がけている著者のユニークな理論と療法は、こころと体を元気にしてくれる。